决战金融职场实务指南-2

The Executive Guide to Corporate Restructuring

公司重组操作指南

原著：**弗朗西斯科·J. 洛佩兹·卢比昂**（*Francisco J. Lopez Lubian*）

翻译：**苏同华**

中国金融出版社

责任编辑：方　晓
责任校对：张志文
责任印制：丁淮宾

北京版权合同登记图字 01 - 2015 - 0228

《公司重组操作指南》中文简体字版权专有出版权属中国金融出版社所有。

图书在版编目（CIP）数据

公司重组操作指南（Gongsi Chongzu Caozuo Zhinan）/（西）卢比昂著；苏同华译. —北京：中国金融出版社，2015.12

（决战金融职场实务指南）

书名原文：The Executive Guide to Corporate Restructuring

ISBN 978 - 7 - 5049 - 8209 - 4

Ⅰ.①重…　Ⅱ.①卢…②苏…　Ⅲ.①公司—企业合并—指南　Ⅳ.①F276.6 -62

中国版本图书馆 CIP 数据核字（2015）第 275083 号

出版
发行　中国金融出版社
社址　北京市丰台区益泽路 2 号
市场开发部　（010）63266347，63805472，63439533（传真）
网上书店　http://www.chinafph.com
　　　　　（010）63286832，63365686（传真）
读者服务部　（010）66070833，62568380
邮编　100071
经销　新华书店
印刷　保利达印务有限公司
尺寸　169 毫米×239 毫米
印张　10
字数　160 千
版次　2015 年 12 月第 1 版
印次　2015 年 12 月第 1 次印刷
定价　33.00 元
ISBN 978 - 7 - 5049 - 8209 - 4/F. 7769
如出现印装错误本社负责调换　联系电话（010）63263947

Preface and Acknowledgements
前言和致谢

发现问题相对容易，提出理论解决方案则要难一些。而真正困难的是运用这些理论方案去解决现实问题。任何有用的解决方案须是充分且合理的。按照某些标准，一个充分的方案应该有助于解决现实问题。例如，对一个现金紧张的公司而言，如果其管理层决定把运气作为唯一的相关标准，那么能解决问题的充分方案就是中彩票或者赌赢扑克。

但是，充分的方案未必合理。要使方案合理就必须使其立足于合理的标准之上。

本书围绕公司重组展开，试图提供可以应对真实问题的、实用的解决方案。这本书是实践经验与学术智慧的综合，一方面展现的是一位职业生涯主要是为实际公司重组问题提供解决方案的金融专业人士的经验；另一方面展现的是一位向经理人传授金融知识的教授的学术背景。

本书是一本实用之作，书中运用了很多实际案例，写作中得到了许多人士的帮助。首先，我想感谢那些阅读了部分手稿，并提出了新的想法和改进建议的同事们。尤其需要感谢的是通读全书并给出不凡建议的伊洛埃·卡塞牙（Eloy Garcia）教授。我还必须感谢在资料收集方面给予支持的其他朋友，如吉姆·马丁内斯（Jaime Martinez）和瓦尔特·露娜·布茨（Walter de Luna Butz）。

如果没有他们的关心和支持，这本书或许会有更多错误。当然所有的错误均由作者负责。

Introduction

引 言

近年来的世界经济危机改变了许多国家的人们的思维和生活方式。绝大多数人改变了未来无限增长与财富的思维预期，转而直面如何应对财富的损失和贫困这一现实问题，新的准则就是成本控制。这种改变的特征就是从过去的（实际上的）免费午餐变成了现在的（几乎是）缺乏午餐。

这种观念的改变影响到了许多经理人所关注的优先问题和他们的努力方向。以 2013 年 6 月中旬参加由《华尔街日报》组织的首席财务官网络会议的首席财务官们为例，他们认为美国公司应该追求诸如降低能源成本、流程重组管理、包括网络安全在内的全球风险的正确评估等目标。这些具体目标截然不同于以前参加该会议的经理人们所提出的目标。例如，在 21 世纪初的首席财务官们感兴趣的是更为全球化的目标，比如增长和垂直一体化。

让我们以冰岛为例从宏观层次进行思考。因为众所周知的缘故，冰岛的银行系统在全球信贷紧缩中崩溃了。其货币——冰岛克朗也几乎损失了全部价值。这个位于北大西洋腹地的的岛国与外界的银行业交易陷入了停顿，导致 32 万国民基本处于孤立无援的境地。

众所周知，冰岛银行体系崩溃只是多个国家出现巨大损失的开始，这些损失高达上万亿美元。

这些灾难性的后果清楚地表明每个人都需要更好地从基本上理

解金融市场是如何运行的、可持续的经济价值是如何创造的。

2007 年以来，经过灾难性的几年后，大多数公司聚焦于重组和债务再融资，并视其为生存和避免破产之路。不幸的是，这一点也不新鲜。当股权价格接近于零时，提高股权价值（如果可能的话）的方式主要有三种：

（1）用新增资金调整资本，在多数情况下通过债转股实现；

（2）通过出售非核心资产削减债务；

（3）通过执行重组计划增加未来的现金流。

我们以 2002 年进行财务重组的西班牙吉则特（Jazztel）公司为例看看如何提高股权价值。

吉则特公司成立于 1997 年，由电信企业家马丁·瓦萨斯基（Martin Varsavsky）领导。1998 年 1 月公司开始运营，其战略目标富有雄心：成为主要在西班牙和葡萄牙运营的旨在为客户提供泛伊比利亚岛网络的垄断者——西班牙电话公司的最为强有力的竞争者。

吉则特公司商业模式的执行意味着要在一个逐步自由化的竞争性高风险行业里大量投资。1998—2002 年，吉则特公司累计亏损 509,212,880 欧元。随着公司按照其预定的商业计划不断开发和增加其运营网络的规模和范围，公司管理层在第一个财年遭遇了意想不到的重大亏损。由于这些亏损再加上公司的财务预测，公司将不能在可持续的基础上履行其对高级商业票据的义务，尤为迫切的是，公司将不能支付应该在 2002 年 10 月 1 日支付给 4 月发行的票据持有人的利息。尽管在开发网络方面取得了成就，但如果不进行财务重组的话，公司将不得不在可预见的未来停止运营。

基于上述事实，2002 年 6 月 13 日吉则特公司宣布与债权人的特别委员会就重组公司的资产负债表原则上达成协议。协议涉及注销公司高级票据债务以及高级票据持有人放弃相关权利，以交换：（1）457,334,951 股新的公司股票，大约占协议生效日已发行股票的 88%；（2）另加 18,627,092 股股票；（3）总值为 7,500 万欧元的可转换债券；（4）第三方所托管的现金将仅被用于支付给 12 月票据的持有人。

作为财务重组的结果，吉则特公司每年减少利息支出 9,300 万欧元。重组协议完成后，公司财务状况实现了再平衡，使公司继续在西班牙和葡萄牙固定电话市场上成为活跃的竞争者。

像所有这类协议一样，剩下的问题是协议是否足以确保吉则特公司的未来。

在这个案例中，我们知道发生了什么：资本调整只是一块垫脚石，随后公司被卖掉。新的企业所有者将执行必要的重组计划。

吉则特公司的案例说明了一个广为人知的事实：被许多家庭拥有的看似无风险的高级债务和存在大量失去支付能力或违约的客户（主要在房地产领域）的高杠杆银行是导致2007年美国和欧洲出现金融和经济危机的一个关键因素。同时，直接利润迅速减少的市场条件导致市场参与者不再考虑所涉及的风险，而是通过扩大债务规模来维持总收入的稳定。

现在，这种不能区分表面利润和真实利润所导致的可怕影响不仅体现在宏观水平（负的GDP增长）上，而且还体现在个人（以失业和收入下降的形式）和公司（挣扎求生）层面上。这些不适当的、过度的公司债务是由以前充沛的流动性和实际的负利率以及并不可信的强劲经济增长造成的，现在则是由自愿或强制的财务去杠杆所导致的严苛的信贷限制造成的。

近年来，许多企业通过不同形式的债务重组协商实现了存续，这是一项耗费了高级管理层大量时间的任务。不同行业和部门的公司正在挣扎求生，之所以能够生存是因为进行了重组或债务再融资。

考虑一下西班牙的不动产部门。这个行业的多数公司对沉重的债务负担进行了漫长而艰难的重组过程，这些债务是（杠杆化）过度投资，特别是对土地投资的结果，以为最终产品（房子）的需求和价格会永远保持在历史高位。不动产的需求和价格的急剧下降立即导致多数公司出现了严重的财务问题，迫使他们进行各式各样的重组，其代价是股东和债权人价值的破坏。

这种情形引出了下列问题：

· 公司的重组努力是否只是服务于使企业生存的目的？

· 从这些债务重组过程中可以吸取哪些教训？

· 再融资和债务重组是一回事吗？

· 债务重组何时且如何发生？

· 债务重组如何发挥作用？

· 高级管理层在重组中扮演何种角色？

· 重组是专家们的工作吗？

· 重组的主要目标是什么？

本书就是要处理这些问题并提供答案。

Contents

目　录

公司重组通览

1.1　概述

当一家公司陷入经济困境时，它就需要重组。当公司不能生产足够的现金流以支付其作为债务人的债务时，公司就陷入了经济困境。缺少资金支付债务利息的情形必须是持久性的，因为公司短期的收支不平衡由于可以得到股东的资金支持而免于经济困境。

重组一家公司意味着导入变革措施使公司变得有生存能力和盈利能力，即使这些措施在当下既不可行又无利可图。尽管任何公司重组都包括财务重组，但是公司重组并不只是再融资。任何重组的目标都是通过执行重组方案使公司能够产生足以支付债务利息的自由现金流和令股东满意的补偿。

重组过程也是一个多方谈判协商的过程。在所有谈判过程中理解重组所涉及的各方的利益，确认他们的强项和弱点以及他们的影响力等是非常重要的。

1.2　何为公司重组

当一家公司面临经济或财务困境时，它就需要重组。当公司所产生的现金流不足以支付其应付到期债务时公司就陷入了困境。换言之，就是处于经济困境的公司其经营所获现金流量不足以支付到期债务。因而，重组也是一个协商过程；通过协商优化公司的营运，使其在财务和贸易支付方面与公司创造现金流的能力相适应。

既然重组与现金流量的产生有关，那么让我们用更为精确的方式来定义我们所说的现金流的含义。

严格说来，当一个公司的自由现金流（Free Cash Flow，FCF）低于即将到期的债务支付，即扣除税收和债务本金的摊销后的财务支出时，此时，公司即陷入困境。自由现金流量是公司经营活动产生的现金流，来源于公司所有经营领域，包括利润、损失和营运资产项下的管理。表 1.1 总结了自由现金流的定义和它的主要组成部分。

表 1.1　如何计算自由现金流

息税前盈余（EBIT）

－对息税前盈余的税收

＝息前税后盈余（EBIaT）

＋折旧

＝（不包括利息支出）的营运利润或亏损所产生的自由现金流（FCF）

＋／－（净流动资产）流动资金营运变动产生的自由现金流（FCF）

＋／－固定资产变动产生的自由现金流（FCF）

＝总的自由现金流（Total FCF）

图 1.1 描述了这一困境：自由现金流量低于履行偿债义务所需的资金。因此，公司面临运营现金不足以支付所有与债务相关的支付的局面。这里的自由现金流由三个部分组成，分别反映了作为现金流来源的不同营运活动：（1）反映盈亏的日常经营管理活动；（2）反映营运资本的日常营运管理活动；（3）反映资本支出的中期和长期营运决策。

毫无疑问，这种缺乏自由现金流支付到期债务的情形必须是持久性的，因为任何暂时的资金失衡都可以由股东提供的资金所弥补。换言之，如果困境是持久性的，从经济角度来看，公司就没有继续经营的可行性（或生存能力），除非股东们有源源不断的新增资金来填平缺口。这种持久性的资金失衡可能是已经产生，或预期会产生。

在确立了公司经济可行性的条件后，我们转向分析公司的经济盈利能力。从经济视角来看，如果一个公司能够产生足够的现金流以支付债务，我们能不能说这个公司是可持续的？不见得，除非公司股东同意损失他们所投入的全部

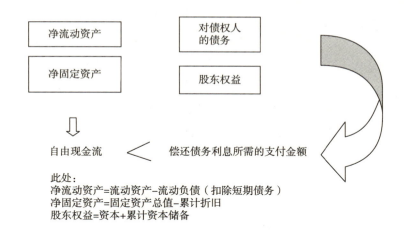

图 1.1 一个困境情景

资金。所以一家公司只有创造足够的自由现金流用于偿还债务，同时还能补偿它的股东，给他们带来预期的经济利润率，这家公司才能保证它的持续生存。对于任何一家公司而言，经济上的可持续性都意味着公司能够产生充足且带来盈利的自由现金流。

重组一家公司就是导入一些变革措施，使目前不具备可行性且不能盈利的公司变得具有竞争力和盈利能力。尽管任何公司重组都包含财务重组，但这并不一定意味着公司重组就只是再融资。任何重组的目标都是要对公司施行变革，从而使公司产生充沛的自由现金流来支付债务并给予股东满意的回报。

需要注意的是，我们所提到的盈利能力是经济利润，而不是会计利润。会计利润通常用类似净资产收益率一类的指标来衡量。而经济利润则与股东们实际到手的现金（现金流）相关。准确地说，经济利润以股东们所收到的自由现金流的内部报酬率来衡量。该自由现金流是支付了债务利息-后的现金流(见表 1.2)。

表 1.2 从企业的自由现金流到股东的自由现金流

总的自由现金流（Total FCF）
+／－ 债务本金的摊销
－ 利息支出 * （1－t）
＝ 股东的自由现金流

再者，重组不只是改变公司债务的条款和条件，还包括企业的资本结构、资产管理和业务范围等方面的变革措施。下述几个案例有助于进一步澄清上述观点。让我们以一家提供电子学习服务的多媒体公司——出版有限公司为例。

表1.3总结了过去五年该公司的关键财务数字及其变化。

表1.3　出版公司的主要财务数据　　　　　　　单位：千欧元

年份	2008	2009	2010	2011	2012	2013
收入	12,277	12,639	11,958	11,588	11,446	10,856
息税前盈余	512	525	394	365	305	221
息税前盈余应纳税	−128	−131	−99	−91	−76	−55
税后息前盈余	384	394	296	274	229	166
折旧	333	324	325	346	363	327
盈、亏项下产生的 FCF	717	718	621	620	592	493
流动资金营运产生的 FCF	222	−246	−624	143	−491	474
资本支出产生的 FCF	−1,368	−1,221	−1,435	−684	−338	−850
总的 FCF	−429	−749	−1,439	79	−237	177
债务变化						
期初债务	980	1,446	2,249	3,772	3,835	4,216
期末债务	1,446	2,249	3,772	3,835	4,216	4,257

很清楚，每年的自由现金流就是可用于支付债务利息的资金（如果现金流是负的，则需要融资）。结果，公司的债务从2008年年初的98万欧元上升到了2013年年末的427.5万欧元。这反映了该公司在经济可行性和盈利能力方面都面临着严重的问题。经济可行性的问题在于负的自由现金流并不总是能够通过增加债务融资的方式来解决；经济盈利能力的问题在于公司不能给予股东任何回报。

表1.4揭示了出版公司的这一现状，给予股东的自由现金流每年都是0。

表1.4　预期的股东自由现金流变化　　　　　单位：千欧元

年份	期初	2008	2009	2010	2011	2012	2013
净流动资产	800	578	824	1,448	1,305	1,796	1,322
净固定资产	1,180	2,215	3,112	4,222	4,560	4,535	5,058
总的净资产	1,980	2,793	3,936	5,670	5,865	6,331	6,380
总负债	980	1,446	2,249	3,772	3,835	4,216	4,257
股东权益	1,000	1,347	1,687	1,898	2,030	2,115	2,123
股东权益和负债	1,980	2,793	3,936	5,670	5,865	6,331	6,380
息税前盈余		512	525	394	365	305	221
财务费用		−49	−72	−112	−189	−192	−211
（息后）税前盈余		463	455	282	176	113	10
税金支出		−116	−113	−70	−44	−28	−3
净盈余		347	340	211	132	85	8
转资本公积		347	340	211	132	85	8
自由现金流		−429	−749	−1,439	79	−237	117
计税后财务费用		−37	−54	−84	−141	−144	−158
债务本金变化		466	803	1,523	63	381	41
股东自由现金流		0	0	0	0	0	0

表1.5　预期的净资产收益率（ROE）变化

年份	2008	2009	2010	2011	2012	2013	各年平均
净资产收益率（%）	25.80	20.10	11.10	6.50	4.00	0.40	11.30

需要注意的是，在这一时期以净资产收益率来衡量的会计盈利能力[①]一直是正的，平均值为11.30%（见表1.5）。此外，经济盈利能力不同于会计盈利能力。当会计账户显示一个公司具有非常诱人的财务比率时，公司的实际经济盈利能力可能正逼近困境。在出版公司的例子中，公司采用不断增加的债务融资，以弥补营运资金的持续下降。这是一个典型的公司盈利能力差、财务脆弱的信号，最终不得不进行重组。简言之，对一个公司的经济健康（竞争能力和盈利能力）的分析必须使用经济盈利能力指标而不是会计盈利能力指标。

---

① 被定义为 ROE（ROE = 净利润/股东权益）。

1.3 公司重组何时发生

由于出版公司的经济和财务不再具有可持续性，公司需要进行重组。尽管公司带给股东的会计回报平均达 11.30%，但由于其不具有经济竞争能力，也没有经济盈利能力，所以其需要重组。

重组如何发生？在何种情况下需要重组？

我们已经知道了答案。当一家公司不能够产生足够的自由现金流以支付债务或满足股东的要求时，它就需要重组。这种现金的结构性短缺可以在公司的营运方面或资本结构中找到根源。

导致持久性的自由现金流短缺的营运方面的原因通常有：

（1）企业营运范围的界定错误。

（2）管理和战略错误。企业的核心能力、市场或产品不适当；竞争优势不充分。

（3）营业杠杆过高。过高的杠杆带来了脆弱性。

（4）营运资本管理粗放。

（5）过度投资及投资错误。

（6）代理成本过高。债权人、股东和管理层之间存在利益冲突。

导致持久性的自由现金流短缺的财务方面的原因有：

（1）财务杠杆过高。

（2）缺乏对负债能力和最优资本结构的分析。

（3）财务过失。

相应地，出版公司所需要的重组过程也分为两个方面：营运重组和财务重组。这样公司就可同时解决导致问题产生的营运和财务这两方面的问题。

在本章中，我们将从一般性的角度讨论重组，不对营运重组和财务重组作刻意的区别。我们将在下文中更为深入地讨论这些问题。

1.4 公司何时需要重组？

基于前文的讨论，我们把引发公司债务重组的主要原因总结为以下两个：

（1）由于收入的明显下降或者成本的持续上升导致公司的流动性出现严重问题，以致短期内威胁到了公司履行营运和财务方面的支付义务；

（2）公司战略资产的市场价值严重下降，进而影响到了相应融资方案中资产的抵押价值。

1.5　公司重组的主要任务

债务重组过程的关键目标就是企业在面临持续的或者迫在眉睫的资金短缺情况下就未来债务偿还的条款和条件等达成协议，以恢复企业的竞争力。更广义而言，债务重组是就如何在不同的资金供应者和其他债权人之间就现金流的分配达成一致，以避免企业的破产或清算过程给所涉及的经济或社会方面的参与者带来过重负担。重组可能采取的措施包括优化企业的业务范围以及创造现金流。

基于这一假设，我们可以刻画出重组的一系列基本特征：

（1）重组过程包括达成一份私下协议，以避免走法律程序。该协议也可能建立在对应的破产法基础上，但必须置于司法保护或者监管之下，而这样的监管通常非常严格（如债权人协议）。

（2）重组是当企业不能履行既定的支付义务、陷入财务困境时的一项特殊的再融资协议，而不是在财务并不紧张时的简单再融资。

（3）重组的目标是公司再次获得竞争力并确保其未来存续。

（4）只有重组后债务的价值大于公司清算时债务的价值时，重组才有意义。

（5）一般而言，债务重组前已经采取了某些营运层面的重组措施，但是这些措施不充分，不能够产生避免财务困境所要求的现金流。

图 1.2 展示了一个公司需要重组其债务的不同情形。

普通的再融资过程只需要公司和银行双方就几种不同的替代方案进行谈判。然而债务重组不同，其涉及大量社会或者经济方面当事人的互动，在巨大的时间压力下，可供选择的方案很少。债务重组会影响公司的各个方面并对未来的竞争力产生深远影响。如上所述，公司的生存取决于重组。

债务重组同时影响财务和贸易方面的债权人、股东、雇员、客户，以及税收管理当局和其他公共机构。重组和再生计划需要在企业计划失败时所涉各方

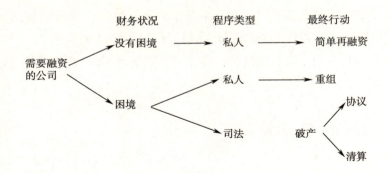

图1.2 债务重组情形

所付代价和保证企业生存安全所需的成本之间寻求平衡。企业一旦失败，成本高昂的清算过程将会导致各方遭受沉重损失。

不难想象，由于重组所涉及的众多参与主体，以及主体之间明显的利益冲突，重组过程充满了巨大的技术和营运上的挑战与困难。

图1.3有助于我们理解债务重组所涉各方的利益关系。

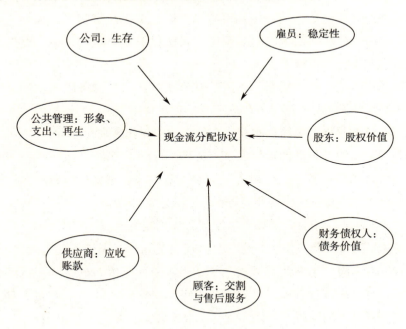

图1.3 重组过程包含的因素

不同代理人有什么办法和采用什么工具使各自的债权能与处于困境中的企业可以预料的（减少的）现金流进行匹配？如何决定重组程序？表 1.6 展示了不同的经济代理人为了确保公司生存所作的贡献。

表 1.6　各方为保证公司生存所作的贡献

代理人	措施	目标
公共管理机关	延长支出到期日	至少是在短期和中期内改善公司的现金流
贸易债权人	延长支出到期日，取消债权	
顾客	延长交割到期日	
雇员	减少员工，降低或冻结工资	
财务债权人	延长支出到期日，降低利率，提供新资金，资本化	
股东	提供新资金，放弃分红	
公司	减少投资，降低营运成本，调整战略规划	

如表 1.6 所示，参与重组的各方主体被要求减少其所拥有权利的现存价值（延期和承受更大的风险）以保证公司的存续，避免出现公司状况更加恶化的情形，即巨大的损失导致的破产或清算。

因此，当一家公司发现其处于困境之中，它一般有两个选择：

（1）通过私人方式达成债务重组协议；

（2）申请破产，这将导致倒闭和清算。

我们以西班牙玩具公司法玛萨（Famosa）为例，该公司成立于 1957 年，是西班牙玩具市场的领导者，占有大约 8.2% 的市场份额。2009 年初公司面临严重的现金流问题，同时处于财务杠杆过高的状态。导致这种局面的大部分原因在于：

（1）21 世纪的第一个十年内以高杠杆进行了两次收购操作；

（2）以 100% 的债务融资收购了一家户外交通工具和玩具企业菲贝尔（Feber）；

（3）随季节变化的营运资本造成资金需求波动大；

（4）流动性资产紧张和信贷市场恶化；

（5）消费水平较低和市场销售下滑。

面对这种情况，法玛萨公司具有两个战略选择：

第一，召开债权人会议，以达成一项司法解决方案，该方案可能是下列三种选择之一：倒闭协议、困境出售或公司清算。

第二，启动债务重组过程，稳定公司以恢复生机，之后卖掉公司。

在仔细分析这些战略选择后，发现法玛萨公司的清算价值极低。因此，尽管重组过程高度复杂，公司仍然决定选择着手进行债务重组，之后卖掉公司。

1.6 公司重组过程的关键阶段

任何公司的债务重组都包括内部行动和外部行动两个方面，可以总结如下。

1.6.1 内部行动

（1）确定流动性问题：问题原因、严重程度和发生时间。

（2）制订内部融资计划：短期资金供应计划；中长期的盈利计划。

（3）与各家银行和其他当事人的谈判策略：公司提供什么？向谁提供？在什么样的条件下提供？

（4）向各家银行提出初步方案。

1.6.2 外部行动

通过确认谈判代表和解决方案及委派技术和法律事务专家，公司债务重组过程的外部行动旨在保证各方达成协议，并同意建立一个确保协议履行和遵守的监督机制。[①]

这些行动包括：

（1）与重组参与主体的双边谈判。

（2）与债权银团的指导委员会以及代理行的合作与谈判。

（3）确认一般和特别的担保。

（4）合同及其条款的法律评估。

（5）将法律文件和会计信息存放资料室。

（6）最终谈判和签字。

（7）执行和监督。

---

① "需要更加深入地分析内外部行动"，参见弗朗西斯科·J·洛佩兹·卢比昂（2010）《重组评论》，哈佛－德乌斯托金融重组，12月。

在事关全局的谈判计划中，须确立谈判顺序，以便首先与那些可能对重组过程施加巨大压力的债权人进行谈判。例如那些贸易债权人，他们只需要施加些许压力就足以阻碍公司的运营或者使公司陷入破产境地，进而造成财务债权人的巨大损失。因此，一般而言，在公司重组的过程中，对贸易债权人的最大请求就是延长公司付款的到期日，谈判的焦点是财务债权人。为了保证公司营运的持续性，财务债权人一般会允许对供应商付款，甚至可能为此提供资金，以便通过再谈判最大可能地收回所有贷放的资金。同时，为了保护股东价值，股东们会限制兑付财务债权人的还款，甚至继续将现金流投入新的投资。

正如下文所述，重组各方的利益冲突可以通过令财务债权人处于股东和债权人的双重地位这一办法得以解决。此时争议将围绕债务转股份的转换价格展开。

然而，并不是所有的财务债权人在公司债务重组中都处于相同地位。以下四个原因造成了每个债权人的不同地位：

（1）所欠债务的金额；

（2）担保（债权是否安全）；

（3）优先权（高级债还是次级债）；

（4）可选择权（可转换权）。

与没有担保的次级债债权人相比，拥有担保的高级债债权人显然更不可能放弃融资合同中的任何权利。另外，拥有较少金额且即将到期债权的债权人或许处于更加强势的地位，即使其债权没有担保。因为一旦该类债权不能还本付息，其他拥有大额债权的债权人遭受的损失会更大。损失较大的银行通过购买其他债权人较小的债权以控制重组过程的事并不少见。从公司的角度来看，如果要起草一份有成功机会的谈判计划书，就必须深入分析任何一笔债务违约对现有股东和债权人所产生的影响。

哪些协议形成了债务重组系列谈判的结果？基本上有以下四个：

（1）新的支付到期日的暂时安排，债务的类型（优先债和担保债）及相关成本的再协商。这类措施的使用通常是在公司收入出现了一些暂时性下降但公司仍然能够生存下去的情况下。

（2）债转股（资本化），以换取其他条件的遵守（与分红政策相关的或分红限制）。这一措施对那些继续经营比清算更为合算，但是又长期不能偿还过多债务的公司比较适用。

（3）债务剥离（追索权变化）。例如，与"坏公司"进行分离，辅之以把"好公司"出售或吸引新的投资者。这一措施也适用于上述（2）所描述的类似公司。

（4）除了其他事项，商业计划书要列出投资的营运成本。商业计划书可能包括短期或中期的新的流动性信贷限额（新资金），这些债权通常被授予超级优先权。

回到法玛萨公司的例子，前文提到其债务重组过程中花费 6 个月时间进行谈判，达成的方案包括下数诸点。

（1）需要再融资 3,000 万欧元，其中 1,700 万欧元通过注入新资金的方式实现。这一新的注资作为超级优先债，优先权同时体现在担保和成本方面。

（2）对旧债务（大约 2 亿欧元）通过再谈判注销 65%。

（3）设计一项对债务人具有长期激励机制（恢复清算价值）的新财务结构。

（4）一套复杂的交叉选择权制度，确保之后对公司的强制出售（带降价折扣）必须形成多数决议。

1.7 公司重组谈判的要点

债务重组的过程就是谈判的过程。在谈判过程中明确不同参与主体的利益、优势和弱点、讨价还价力量及潜在的利益冲突无疑是非常重要的。

实际上，主要有三方参与债务重组：银行、公司管理层和股东。他们都有不同的利益。银行主要担忧公司生存问题及其偿还债务问题；管理层主要关心公司的存续和他们的职位安全；而股东只关注公司增长和未来规划。表 1.7 对这种情况提供了一个简要总结。

各方商谈的一个主要目标就是为公司未来规划出可行方案。该方案能使预期的自由现金流保证公司的短期生存，同时为公司中长期的需要提供充分的资金，不会限制确保未来业务存续的投资所需的资金。

表 1.7　重组各方的利益冲突

参与各方	利益	冲突
银行	可行性	与长期目标冲突
	债务的偿还	与股东和公司的存续冲突
	降低信贷风险	与贸易债权人冲突
股东	公司增值	与短期目标冲突
	股东权益	与财务债权人冲突，与财务债权人冲突
	公司未来	与税收当局冲突
管理层	公司存续	与公司短期再生冲突
	职位维持	与公司营利性（股东）冲突
		与财务债权人冲突

简言之，就是达成一个如何在数量和质量方面都符合要求的产生流动性的协议。更具体地说是：

· 自由现金流由什么构成？

· 金额有多少？

· 随着时间的变化是否可以持续？

· 现金流分配到哪些领域？

· 为了获得现金流公司需要放弃什么？

我们也不要忘了，一个现实的未来计划应当同时考虑重组过程参与各方的直接或间接的讨价还价能力。

例如，思考一下上文中提到的贸易债权人这一角色。一家公司的贸易债权人一般非常分散，所承受的风险远低于银行。因此，贸易债权人更可能诉诸法庭并妨碍公司的重组过程（制造了更大的困难）。在这些案例中，贸易债权人比银行拥有更大的谈判影响力。因此，与银行达成的协议必须考虑这一现实，自由现金流应该包括最终对贸易债权人的支付。

1.8　公司重组过程的优势

一个债务重组过程被成功执行的可能性，需要重组所涉各方在很大程度上接受达成的协议，从而愿意采取行动使公司摆脱每天亏损的状态，转向一种相对而言各方均可获益的状态。

如上所述，重组谈判的第一步就是说服各方相信一家公司重组后的价值远高于该公司清算所得的价值。为了达到这一目的，确保各方在创造预期现金流需要多少资金、预期现金流如何分配等方面达成协议就显得至关重要。

除这些基本要点外，还可就重组产生的其他益处进行讨论并达成协议，这可使各方将其视为最终的商业机会，从而接受所提的方案。

表 1.8 总结了在一个债务重组过程中各方所获益处。

表 1.8　债务重组的益处

管理层所获益处	银行所获益处	股东所获益处
所设计的财务结构与公司创造现金流的能力相适应。	更大可能地恢复根据清算确定的理论价值。	最终退出会非常有序，声誉风险最小化。
避免清算。公司稳定并最终存续。	比清算恢复更大价值的可能。	避免对他们不再感兴趣的资产继续投资。
公司开始了以创造现金流和价值为优先的新阶段。	通过重组获得对未来决策的更大影响力，例如获得多数的表决权。	维持股权价值上升的潜力。

1.9　总结

过去几年，大量公司依靠债务重组得以存续，这些公司的管理层为此付出了相当大的努力和时间。总而言之，公司的重组和债务再融资能力决定了不同行业的公司是生存还是消失。

公司在陷入经济困境时就需要重组。当一家公司不能创造足够的现金流用以支付债权人的债务时，公司就处于经济困境。

公司短期的收支不平衡可以得到股东的资金支持，因此缺少资金支付债务的情形必须是持久性的。

在公司当前不能产生利润和不能继续的情况下，重组就是要导入改革措施，使公司变得有生存能力和盈利能力。尽管任何公司重组都包括财务重组，但是公司重组并不只是再融资。任何重组的目标都是通过重组使公司能够产生足以支付债务利息的自由现金流和给予股东满意的补偿。

重组过程也是一个多方谈判协商的过程。在谈判过程中，明确重组所涉各方的利益、强项和弱点及影响力等是非常重要的。

当然，知道重组程序的一些关键问题的答案也非常重要，包括：

· 为何会发生重组？

· 需要采取哪些主要的债务重组行动？

· 债务重组将给重组的各参与方带来什么益处？

· 为了达成一个各参与方均获益的协议，公司需要提供什么？

任何重组过程成功的关键在于达成重组协议。依据该协议重组公司的价值远远高于公司倒闭清算后获得的价值，并就协议的价值分配达成一致。值得讨论的最重要的问题就是为公司未来规划出可行方案。根据该方案，预期的自由现金流能保证公司的短期生存，同时不用限制公司业务存续所需的投资，从而危害公司的中长期发展前景。

公司重组的步骤

2.1 概述

公司重组囊括了公司内部行动和公司外部行动两个方面。公司内部所采取的行动大致包括：

（1）确定流动性问题，即问题原因、严重程度和发生时间。

（2）制订内部融资方案，即短期资金供应计划和中长期盈利计划。

（3）确定与各家银行的谈判策略，即我们提供什么？向谁提供？在什么样的条件下提供？

（4）向金融机构提出初步重组方案。

财务重组过程中的外部行动旨在各方之间达成一致的协议，包括确认谈判对象和仲裁者，指定专家处理技术和法律事务，并建立监督机制以确保这些协议的履行和遵守。

鉴于这些外部行动均有银行的参与，因此有必要区分有关银行商业领域的外部行动和有关银行技术领域的外部行动。

2.2 引言

在上一章中，我们讨论了一场困境是如何摧毁对公司未来的信任，并加剧对公司的流动性挤压，造成大量公司的经济生存能力陷入危机的。正如我们所看到的，公司生存的关键在于重组和债务再融资。

接下来我们将描述开展公司重组所必需的不同步骤的更多细节。这些步骤包括公司内部活动和公司外部活动。我们首先具体地看一下公司的内部活动。

2.3 公司重组： 内部活动

公司重组的内部活动大致包括以下四个方面。

（1）确定流动性问题：问题出现的原因、严重程度及发生时间。

（2）制订内部融资方案，包括一个短期资金供应方案及一个中长期的盈利计划。

（3）确定与银行家们的谈判策略：我们提供什么？向谁提供？在什么样的条件下提供？

（4）制订向金融机构提出的初步方案。

2.3.1 确定流动性问题

为什么会发生流动性问题？当这样一个问题被提出的时候，公司最典型的反应就是去否定问题的存在。这种否定会有很多表现形式，从"它不会影响到我"到指责"其他人"。

所有重组程序的第一步就是要避免陷入这个陷阱。事实上，当一家公司明显出现了流动性问题后，经常的情况是对它的存在予以否认或者将责任推脱给别人（通常会诡辩"这是因为缺少银行的支持"），这令人震惊。

因此，开展重组的基础在于对流动性问题有一个明确认识，查清并分析问题的起因，并提出一些可供选择的解决方案。

公司的流动性主要有以下四个来源。

（1）与盈利和亏损账户相关的运营过程中产生的流动性。这种流动性是公司应用自己的短期运营政策产生（或消耗）的，反映在公司的损益表中。这些政策包括定价、利润、成本控制、运营成本、薪酬和赔偿等政策。我们将这种流动性称为来自盈利和亏损的净现金流。

（2）公司管理营运资本（WC）产生的（正的或负的）流动性，通常包括客户维护政策、给供应商的付款周期、库存管理、财务管理等。这被称为来自运作营运资本的净现金流。

（3）公司固定资产投资或资产剥离产生的流动性。这被称为来自固定资产投资的净现金流。

（4）公司资本补偿政策和股权融资获得的流动性。这被称为来自资本项下的净现金流。

综上，总的净现金流（Net Cash Flow, NCF）是上述四部分的总和，相当于未清偿债务的变动额。

在上一章中，我们定义公司的自由现金流（Free Cash Flow, FCF）来自公司运营活动产生的流动性（源自与公司盈、亏项下和经营资产项下所有经营方面的管理）。同样地，我们将净现金流（Net Cash Flow, NCF）定义为经营活动（包括利息支出）和股东权益所产生的流动性。表 2.1 概括了净现金流与自由现金流的区别。

表 2.1　净现金流与自由现金流的区别

净现金流（NCF）	自由现金流（FCF）
税前收入	息税前盈余
－ 税务支出	－ 税务支出
＝净收益	＝息前税后盈余
＋折旧费用	＋折旧费用
＝来自经营活动的净现金流	＝来自经营活动的自由现金流
＋／－运营资本的投资	＋／－运营资本投资
＋／－固定资产投资支出	＋／－固定资产投资支出
＋／－股权变化	
＝总净现金流	＝总自由现金流
净现金流是一个公司产生的流动性，与总债务的变动无关	自由现金流是来自资产的流动性，与资产如何筹通资无关
净现金流＝总债务变化	自由现金流＝来自资产的流动性
焦点：债务如何偿还	焦点：来自资产的流动性
净现金流：来自运营活动和股权（包括利息支出）产生的现金	自由现金流：来自运营活动（不包括利息支出）所产生的现金

让我们回过头再来看看上一章出版公司的案例。我们必须认识到，公司一直在面临非常严重的经济可行性问题，在过去的六年中，连续四年流动性都呈

现负值。表2.2 总结了出版公司 2008—2013 年净现金流变化。

当我们从这个角度考量流动性的时候，可以得出以下几个结论。

（1）只有产生正净现金流才能实现通过分期偿债减少债务。在出版公司的例子中，2008—2013 年债务的增加是因为负净现金流的产生。

（2）一个净现金流持续为负值的公司在经济上是不可持续的。

（3）一个公司的总的短期流动性是其短期经营活动（盈利、亏损和营运资本）所产生的净现金流量的总和，而长期的流动性则是由固定资产和资本投资产生的净现金流量的总和。在出版公司的例子中，2008—2013 年从短期来源中产生了 2,619,000 欧元净现金流，同时投资了 5,896,000 欧元用于资本支出。

表 2.2 净现金流变化　　　　　　　　单位：千欧元

年份	2008	2009	2010	2011	2012	2013	期间总和
净收入	347	340	211	132	85	8	2,123
折旧	333	324	325	346	363	327	2,018
来自盈亏项下的净现金流	680	664	536	478	448	335	3,141
来自营运资本的净现金流	222	-246	-624	143	-491	474	-522
来自固定资产投资的净现金流	-1,368	-1,221	-1,435	-684	-338	-850	-5,896
来自资本项下的净现金流	0	0	0	0	0	0	0
净现金流总值	-466	-803	-1,523	-63	-381	-41	-3,277
负债调整	466	803	1523	63	381	41	3277

（4）了解问题是由公司短期或者长期的流动性短缺造成的，是理解流动性问题根源的关键，无论该问题是否具有重复性。短期流动性问题的解决措施不同于长期流动性问题。前者经常出现，需要短期资金融通应对，而后者具有暂时性或者与某一特殊的商业周期有关，需要通过举借长期债务解决。

（5）识别一家公司内在的流动性问题很容易，但令我们吃惊的是，公司常常否认问题的存在，或者把问题归咎于其他方面。

（6）结果，问题不但是要讨论如何产生正的净现金流，而且还要分析它的长期可持续性。在出版公司的情况中，短期和长期流动性不平衡是暂时的还是持久的，对公司的影响是完全不同的。

（7）假设公司坚持自我融资，短期产生的所有流动性资金会被分配用于长期融资，也就是公司的投资和资本回报。相应地，它的净现金流量将会为零。

2.3.2　准备短期和长期的融资计划

在明确流动性问题后，就很有必要重组公司或再融资。这需要制订短期和长期的公司财务计划，包括能在实施后的短期、中期、长期内提高流动性的运营措施，以及能够保证公司生存能力的必要配套资源。

短期的生存能力通常需要债务重组，如债转股、债务再融资或者延迟债务到期日。显然，债务重组、债务展期的条件必须与公司改善经营，增加新流动性的举措保持一致，以保证其未来的生存能力和经济价值。

表 2.3 是一个债务重组的方案，采用新到期日和新条件的债务再融资。

另外，这一方案在时间上必须考虑短期计划，如表 2.4 所示。

表 2.3　一个重组的例子 　　　　　　　单位：欧元

建议运营方案	来源	运用
短期债务		
信用政策		− 12, 125, 478
现金需求总额		− 65, 897, 465
合计		− 78, 022, 943
长期债务		
银团贷款 A 份额（根据信用政策形成）	15, 879, 454	
现金需求总额	62, 143, 489	
合计	78, 022, 943	

注：

①建议运营方案的目标是改变 X 集团债务的到期时间，使之与过去五年制定的投资期限相匹配。

②建议资金来源由长期债务提供，分成两类，期限为七年和两年的宽限期。

③重组产生的长期债务是预计 2009 年 EBITDA（税前利润、税费、折旧、摊销）三倍的比率。若同时考虑短期和长期贷款，该比率会是 EBITDA 的 3.5 倍。

④资产重组计划下的资产处置收入将会通过银行的资金池用于减少债务。

⑤补充营运资本有助于集团建立一个拥有持续资本结构的业务平台。

表 2.4　给合短期与长期的财政计划　　　　　　　　单位：欧元

总要求	2011 年 9 月	2011 年 10 月	2011 年 11 月	2011 年 12 月	合计
建议削减	− 20,425,201	− 6,254,125	− 3,255,000	− 8,546,233	− 38,480,599
第一类					
第二类	6,543,214			8,546,233	15,089,447
第三类	1,564,798	6,254,125			7,818,923
第四类	12,317,189				12,317,189
			3,255,000		3,255,000
总削减	20,425,201	6,254,125	3,255,000	8,546,233	38,480,559
累计总额	20,425,201	26,679,326	29,934,326	38,480,559	

2.3.3　与银行谈判的策略

在与银行进行谈判的时候，无论是公司原有银行或是新银行，管理层必须对银行的具体请求和对银行的保证制定谈判策略。

在抛出方案的时候，应就可能的再融资如何分配，什么条件，以及限制和担保进行谈判。表 2.5 显示了一个带有安全和抵押保证的再融资案例。

另外，谈判策略应当包括谈判要点的确认、应对银行可能的反制提议、对谈判提议留有余地（如果可能）以便在进程中提出来讨论，等等。

2.3.4　初步方案

有了前文的基础，这时就可以拟定一个向银行提出的初步方案，该方案详细分解了各自的金融利益、风险和担保等事项。根据准则，对运营的分解必须界定明确。表 2.6 是制订这样一个方案的具体案例。

表 2.5　与再融资方案的相关的资金安全保障问题　　　　单位：欧元

种类	价值
已决估值	15,000,002.38
待决估值	22,678,500.01
作为抵押的股权	78,852,636.49
特许（权）	14,289,112.00
其他担保	5,480,000.00
总担保	136,300,250.90

表 2.6 向银团提出的初步方案实例 单位：欧元

银行	风险比例	累积风险	金额（欧元）	调整资金	累积风险	流动资产
银行 1	21.00%	21.00%	11,550,000.00	24.52%	24.52%	13,483,486.49
银行 2	15.00%	36.00%	8,250,000.00	14.73%	39.24%	8,100,271.58
银行 3	10.93%	46.93%	6,012,026.49	11.48%	50.73%	6,316,267.97
银行 4	8.00%	54.93%	4,400,000.00	9.65%	60.38%	5,307,762.42
银行 5	7.88%	62.81%	4,335,134.87	8.28%	68.66%	4,554,516.45
银行 6	7.00%	69.81%	3,850,000.00	6.76%	75.42%	3,717,121.78
银行 7	6.50%	76.31%	3,575,000.00	6.62%	82.04%	3,640,390.45
银行 8	5.39%	81.70%	2,965,235.17	5.66%	87.70%	3,115,292.32
银行 9	6.00%	87.70%	3,300,000.00	4.44%	92.14%	2,443,381.57
银行 10	3.74%	91.44%	2,056,918.88	3.93%	96.07%	2,161,010.25
银行 11	2.62%	94.07%	1,442,204.69	2.75%	98.83%	1,515,188.15
银行 12	0.18%	94.25%	98,354.27			
银行 13	1.64%	95.89%	904,421.07			
银行 14	0.00%	95.89%	0.0			
银行 15	1.43%	97.32%	786,103.81			
银行 16	1.46%	98.78%	802,415.04			
银行 17	1.12%	99.89%	614,227.29	1.17%	100.00%	645,310.55
银行 18	0.03%	100.00%	15,597.92			
	100.00%		55,000,000.00			55,000,000.00

2.4 公司重组：外部行动

公司重组过程中的外部行动以各参与方达成一致协议为目标，通过指定谈判者和可能的仲裁者、专家来处理技术和法律的问题，并且协商建立起一个监督机制来保证协议的遵守。

就所有外部行动的实施情况来看，有必要区别于对银行商业领域的外部行动和属于银行技术领域的外部行动。

2.4.1　与银行商业领域相关的初始行动

在向银行团组成的相关机构提交重组计划后重组正式启动。

前期会议清楚坦明了公司的财务状况、解决方案及必需的新的融资计划。对于所有与重组相关的机构来说，这是一个特别关键且充满压力的时刻。为了达成一个能保证公司生存的解决方案，需要对问题进行彻底的分析。

接下来的会议在银行的销售办公室举行，因为是分支银行，它要负责将原始信息反馈至地区管理层和相关风控部门。在这个环节，有必要决定重组的牵头机构。通常，承担了最大风险的机构被选为牵头代理银行。该银行的重组部门负责协调所有的会议和信息沟通。

在临时方案综合了所有参与机构的意见反馈之后，就要确定方案并递交给相关的风险部门审阅。

方案一旦最终定稿，技术评估过程就可以开始了。牵头代理银行应当保持这个进程的连续性，要接触经济和法律方面的顾问，以协助参与银行。外部审计者的首要任务是对商业计划进行一项独立的商业评估（Independent Business Review，IBR）。

参与银行直到收到一份持赞成意见的独立商业评估报告后才会着手行动。咨询专家会评估财务方案中的各种假设来确定他们是否合理，并采取必要的调整措施，评估公司的业务基础，包括销售预测、未来订单、应收账款和应付账款周期的合理性，以及其他参数的各种变化。

如果重组涉及债转股，这份持赞成意见的独立商业评估报告就显得尤为重要。新缴资本的价值成为防止新老股东利润损失的一个关键要素。

2.4.2　与银行技术领域有关的行动

和银团成员的双边协商

与银团成员的每一家银行达成最终贷款协议是整个重组中最为重要的谈判过程之一。

在交易中，拥有较多债权份额的成员会尽力囊括所有的机构，原因非常简单，任何银行选择退出建议的交易结构，剩下的参与者在最终的重组中将会承担更大的风险暴露。主债权人的主要目标就是要保持原有的风险水平比例在重组过程中始终不变。

接下来的谈判焦点是就重组议案于所有参与行达成协议。如果有机构不愿参与，那么谈判将会集中在未被分配的风险被其他银团成员分担的比例。

一旦最终参与银行确定，重组进程将会进入到双边磋商阶段，焦点集中在更加具体的经济和法律领域上。这些领域是机构所关注的并希望包含在最终的重组合同和协议中，包括个别银行补偿、合同和特殊条款等。

与代理行的协调

这一点对于整个重组计划成功与否至关重要。代理行主导整个协商的进程，并且负责与银团经济顾问和法律顾问的关系。由于知道重组公司未来几个月的财务状况会更加恶化，代理人会更加努力工作，以使重组工作更加迅捷，带来令人满意的结局。这意味着一个快速有效的解决方案会提升重组的执行力度，增强公司的存活力。

公司必须与代理行保持密切联系，因为在重组进程中，每一个里程碑意义的进步都是最初采纳代理行建议的结果。与经历危机、正处于重组的中间阶段的企业形成鲜明对照的是，金融机构的重组部门被淹没在大量的工作中，使之根本无法适时监督重组的进程。而任何计划执行迟延都会令整个重组进程陷入困境。

法律和会计事务的数据库

在重组计划的执行过程中，公司必须准备所有要求的文件，这些文件包括以下：

· 财产合同

· 律师合同及授权范围

· 各类合同

· 财务和商业计划

· 会计账簿和票据收发记录

及早准备这些文件能够加速外部顾问对财务计划估值的进程。当然，独立商业评估报告越快完成，整个进程越有可能及时且成功地完成。

同时，在合同准备阶段，准备好数据库中的数据，将会使该阶段加速。

一般和特殊担保的认证

重组进程中确认的融资结构必须有充足数量的资产作为保证，以确保贷款对价值的比率（Loan to Value，LTV）在金融机构可接受的范围内。

也就是说，如果重组计划要想成功，一个关键因素就是公司具有充分担保的能力，如财产的数量、价值，所有财产的可靠度，提供抵押担保的能力，金融机构能够评估价值的权利转让潜力，以及公司无法提供充分担保情况下合作者可提供的私人担保。

合同及合同条款的法律审查

在谈判结束并签署与重组相关的合同之前，最后要对草拟的合同进行法律方面的审查。公司和参与重组机构一样，在这个阶段的谈判都要有法律顾问进行协助。双边谈判和多边谈判的最终成果将会体现在最终合同中。因此这份合同应当包括谈判中达成的所有成果，这一点非常重要。

一些情况下，即便与代理行和其他参与机构达成了协议，在将这些内容落实到合同文字时也可能出现新问题。这些新问题的产生可能是因为一些特定法律词汇或者是一些机构想要引入特定的条款。如果遵守比例平等条款（Pari Passu），那么所有的机构必须享有同等的权利和担保，最终的合同文本必须反映所有参与机构的法律顾问的要求。在银团贷款中，没有一方可以提升自己或者降低对方的相对地位。

最后谈判和签字

所有重组过程中的谈判双边的协议和合同最终都要落实到银团贷款协议的签署上。这一签署应当在公证员面前进行，但也并不是永远都不会发生意外。最后一分钟都有可能产生无法被解决的分歧。这有可能导致签置延误直到问题解决，或者甚至导致整个计划终结。

后续和监督

一旦银团贷款协议被签署，代理行将继续履行监督职责，监督主合同及其他协议的履行情况。

在贷款合同签署完毕后，抵押担保作为安全保证应当办理公证和登记。如果财产存在留置和其他障碍，这个程序会比较复杂。贷款拨付必须遵守担保义务。如果代理银行没有登记在其名下的抵押担保，它将没有担保物覆盖它的风险。

2.5 公司重组进程中的要点

让我们来总结公司开始进行财务重组必须考虑的重点：

（1）积极。不要只有重组提议，坐以待毙，等待违约的发生。避免将重组认定为实际上的违约。

（2）理解流动性问题的深层原因，不要只去责备他人（如缺乏来自银行的支持）

（3）制定一致且可靠的行动计划来提升公司的流动性，明确短期、中期和长期的财务需要。

（4）坚持你的财务计划：用短期的资金去满足短期的需求，用长期的资金去满足长期的需求。按照这个计划与你的债权人进行协商。

（5）制定谈判策略，说服各关联方你的公司运营是可行的。要充分预计谈判过程和担保提供方面产生的困难。

（6）不要将重组和重新协商债务等同。无论债务的杠杆程度如何，长期需求都可以通过债转股来实现。

（7）债转股时，要与新股东谈判股权价值，或者寻找可替代的资本来源（如风险资本）。

（8）最后，重组的成功在很大程度上取决于公司周围有高素质的咨询专家，他们可以在重组过程中贡献自己的经验。

2.6 总结

公司的财务重组包括内部行动和外部行动。公司内部行动可以概括为以下几个方面。

（1）确定流动性问题：为什么发生？有多严重？什么时候发生？

（2）制订内部的财务计划，包括一个短期的财务计划和一个中长期的盈利计划。

（3）确定与银行谈判的策略：我们能够提供什么？向谁提供？在什么条件下提供？

（4）起草一份提交银行的初步提案。

财务重组过程的外部行动是为了在当事人之间达成一致的目标，通过确认参与其中的谈判者和可能的仲裁者，任命技术问题和法律问题的专家，建立监控机制以保证协议的遵守。

由于这些外部行动的实施涉及银行，所以区别银行商业领域的外部活动和技术领域的外部活动是有必要的。

公司重组操作 | 3

3.1 概述

任何业务重组程序的目标都是通过经营行为实现企业自由现金流持续增长的目的。采取某些管理行为也可以暂时改善企业的现金流，但重组追求的是一种可持续的（持久的）效果。重组关注的不是短期而是长期的前景。

企业业务重组致力于通过实施与企业各种损益相关的新政策和管理决策来形成新的持续自由现金流。

企业业务重组致力于通过运营资本形成新的可持续的自由现金流，因此应最小化满足企业目标的流动资产，严格控制这些资产的融资。

从经济价值的角度来看，所有的固定资产应该分为能产生价值的（固定资产）和不能产生价值的（固定资产）两类。谨记这一点，在任何重组过程中，所有的固定资产都应从经济价值的角度进行分析。

3.2 引言

任何业务重组程序的目标都是通过实施经营行为以达到使企业自由现金流持续增长的目的。采取某些管理行为也可以暂时改善企业现金流，但重组追求的是一种可持续的（持久的）效果。重组关心的不是短期而是长期的前景。

众所周知，自由现金流包括三个组成部分。因而，业务重组也可以分为以下三类。

·改善盈亏项下营运活动提高自由现金流；

·改善营运资本的经营活动（净流动资产）提高自由现金流；

·改善投资决策（资本支出）活动提高自由现金流。

在这一章我们将要讨论部分上述行动。

3.3 提高日常经营现金流

企业业务重组致力于通过实施与企业各类损益相关的新政策和管理决策来形成新的持续自由现金流。绝大部分业务经理都对这种称之为损益管理的经营手段很熟悉，这种经营手段针对几个固定的损益科目：提高收入、控制营业成本、减少日常开支，等等。

存在几种损益项下的业务重组行为，例如，

·重新定义公司的最优范围

·外部化业务流程并减少过剩产能

·重新审视市场战略

·成为全球化公司

·改变经营杠杆

本书仅从财务角度来分析业务重组，对这些管理决策的深入分析和讨论超出了本书的内容。有大量的文献资料探讨这些问题，其中既有简单的手册，也有专业的著述[1]。

作为应用实例，我们来看一个改变经营杠杆产生作用的例子。

万变不离其宗，任何试图降低公司经营风险的业务重组行为最终都是通过减少自由现金流的波动性来实现的。那么，对损益类的管理如何有助于实现自由现金流的稳定呢？方法之一就是利用恰当的经营杠杆。

经营杠杆通过企业固定成本与支出及总成本与支出的比率来衡量。比率越

---

① 参见一些经典著作，如汤姆·皮特（1999），《创新圈》，Vintage Books 出版。

高，经营杠杆越高。经营杠杆越高，企业的经营风险也就越高。

我们来考虑这样一个案例：一个想象中的财务公司在面临两种极端情形（情形 A 和情形 B）时的反应，如表 3.1 所示。

情形 A 中，公司只有 5% 的可变成本，其经营杠杆高于情形 B，在情形 B 中该公司拥有 75% 的可变成本。注意在这两种情形中，以息税前利润（EBIT）衡量的企业盈利能力代表的都是收入的 20%。

如果企业收入波动 20% 会怎么样呢？

当企业经营杠杆更高时，企业息税前利润也将会有更高的波动性，表 3.2 和表 3.3 展示了两种不同情形下的结果。

表 3.2，情形 A 中当企业收入提高 20% 时，息税前利润将会提高 95%，但在情形 B 中，当企业收入同样提高 20% 时，息税前利润却只提高了 25%。

表 3.3，情形 A 中当企业收入减少 20% 时，息税前利润减少 95%，情形 B 中，当企业收入同样减少 20% 时，息税前利润却只减少了 25%。

表 3.1　最初情形

	占收入的百分比	
	情形 A	情形 B
	可变成本：5%	可变成本：75%
收入	100	100
可变成本	5	75
固定成本	75	5
息税前利润	20	20

表 3.2　收入提高 20% 时

	占收入的百分比	
	情形 A	情形 B
	可变成本：5%	可变成本：75%
收入	120	120
可变成本	6	90
固定成本	75	5
息税前利润	39	25
息税前利润变化	+95%	+25%

表 3.3 收入减少 20% 时

	占收入的百分比	
	情形 A	情形 B
	可变成本: 5%	可变成本: 75%
收入	80	80
可变成本	4	60
固定成本	75	5
息税前利润	1	15
息税前利润变化	− 95%	− 25%

这种经营杠杆和波动性的紧密联系反映了公司的经济现状,如公司的规模经济及产业扩张对固定支出的稀释。

要善加利用经营杠杆,关键是要确立一个正确的经营杠杆水平,这事关未来自由现金流的预期和稳定。

3.4 通过营运资本来提高现金流

企业的业务重组致力于通过营运资本形成新的持续自由现金流,为此首先应最小化企业流动资产,严格限制非常必要的融资项目。

对净流动资产的管理应按以下逻辑顺序采取措施:

· 最小化所需流动资产

· 有效管理资金融通

采取这些措施应当避免使企业陷入过度融资的境地中。

我们常惊讶地看到在实践中这个逻辑顺序被改变了。许多企业都没有利用通过提高流动资产管理来创造经济价值的机会,原因在于他们忽视了资产的财务成本。或者,有效管理这些短期净资产需要追踪和严格的细节控制,而不受管理层的欢迎,常常下放给没有经验的员工。

营运资本由短期资产和公司日常经营中的短期债务组成。事实上,营运资本也被称为净流动资产,等于流动资产减去流动负债的净额。

如果管理得当,营运资本既是流动资金的来源,也是经济价值的来源。《首席财务官手册》是一本全球发行的专业出版物,该书对几大洲的大量公司的营运资本状况进行年度评估并加以披露。有意思的是,研究结果一致表明,这些企业所持有的营运资本量远高于其所应审慎持有的量①。

营运资本管理不像公司其他管理活动那样光彩夺目。但营运资本能为企业带来可持续的流动性财富。和往常一样，魔鬼藏于细节之中。

分析运营活动有助于改善来自运营资本的自由现金流，当我们为创造企业价值，确定我们的净流动资产管理政策时，让我们看一下那些比较突出的因素。

3.4.1　应收账款与应付账款管理

应收账款与应付账款的形成是企业执行其商业政策的结果，即与企业购销相关，这涉及企业客户与供应商。供应商——客户关系通常是从商业事务的视角来管理，但大量的财务活动不应当被忽略，从供应商角度来说，每家公司都应从财务角度来考虑与其客户的关系。

·销售条件

·支付方式

·收取的现金

改善销售条件

当讨论销售条件时，将诸如实际的销售收入回款期限及对客户提前付款所给予的折扣等的管理决策的财务效果加以考虑非常有意义。

企业所采取的任何减少销售收账日期的行为都是提高企业经济价值的有效方式。开始之前，我们首先必须回答一个问题：我们知道交货后的实际收账天数吗？

实际收账天数并不总是与销售合同约定的天数一致。其中一个原因是，客户与供应商对于期限开始和结束的时间的理解并不总是一致的。对供应商来说，收款开始于商品或服务开票日，结束于收款实际发生日。对客户来说，付款开始于产品或票据收到日，结束于付款指令签发日。经验表明，根据所涉及的行业的不同，理论和实际上的收账天数的差别相当大。更为重要的是，如果客户有特定明确的月支付日，这对供应商的影响将会更大。

有时为了防止过长的收账期，企业会提供所谓的提前付款折扣。这项措施的商业考量很明显，但它的财务影响却必须牢记。简单地说，预付折扣的前提是顾客提前支付现金而不是等付款期限届满再支付。反过来，客户会得到按发

---

① 参见 www.cfo.com。

票载明数额一定比例计算的返还款。这因此成为一种融资活动，供应商通过付出一定代价获得资金融通，客户预付款得到一定的投资回报。非常重要的是记住预付款折扣是一个零和游戏，一方付出的对价代表另一方获得的收益。那么，这交易的实际成本是什么呢？

假设 A（供应商）和 B（客户）建立了商业买卖关系，A 将于 120 天后收款。假设 B 利用预付款折扣，折扣为 3%。通常我们会说，A 是以 9% 的利率获得融资，其中 7% 是融资成本，2% 是风险溢价。实际融资成本的计算可能会有所不同，原因之一是货币时间价值的影响，货币时间价值隐含在货币运用的机会成本中。

这时，此项交易的日利率变为

$$Id = [1/(P - C)] \times [D/(1 - D)]$$

其中：Id = 日利率，以整数表示；

P = 约定付款期限，以天数计算；

D = 提供的折扣，以整数表示；

C = 提前现金付款的期限，以天数表示。

通常情况下，C 并不是 0 天，并且可长达 30 天。若 C 为 30 天，对供应商来说此时的融资日利率就是：

$$Id = (1/90) \times (0.03/0.97) = 0.000\ 343\ 64$$

这表示 0.034 364% 的日利率。

它的等值年化利率（Ia）就是

$$Ia = (1 + Id)^{365} - 1 = 1.000\ 343\ 64^{365} - 1 = 0.133\ 6$$

这表示 13.36% 的年利率。

总体来说，要是提前用现金支付的期限是 30 天而不是 0 天，那么其实际融资成本将为 13.36%。就是说名义成本为 9% 的融资行为的实际成本为 13.36%。

我们可以看出，这项交易对客户来说非常有利，其进行了一项无风险投资并获得了 13.36% 的投资回报。再次说明，客户的投资回报就是供应商的融资成本，供应商以 13.36% 的利率进行融资，并且支付了 6.36% 的额外费用来保证其顺利回款，而本来供应商可以 7% 的利率通过银行进行贷款融资。

改善支付工具的措施

支付工具的范围很广，包括可转让票据、本票和商业汇票及现金和支票。

任何一段商业关系开始时都必须明确支付工具，因为这可能成为延迟付款的原因。从供应商的观点来看，其商业发票开具的选择可以基于多种因素，如表 3.4 所示。

表 3.4　支付工具的比较分析

工具	出票人	期限	成本	关键因素
支票	客户	0~2 天	手续费由其他银行承担	立即支付，在给定时间之前
本票	供应商	0 天	手续费由收款方承担	直接付款
现金	客户	1 天	无手续费	立即支付，在给定时间之前
刷卡	二者皆可	视情况而定	有手续费	大众化过程

对表 3.4 所含信息的一些看法如下。

支付工具的选择应在供应商与客户之间的关系框架内协商，选择的结果反映了买卖双方关系的紧密程度。

每种支付方式的实际成本综合了支付天数与协定的手续费。

表 3.4 中，"关键因素"代表供应商在衡量支付工具的相对适宜性时所应考虑的主要因素。

如前所述，供应商与客户之间的关系被视作零和游戏，一方所得往往代表另一方的所失。为创造持续价值，有必要克服这种观念，取而代之的是建立一种双方共赢的局面。

牢记这一点，近年来有很多商业管理工具可用于便利供应商与其客户之间的合作，其中之一便是反向保理。

与传统保理不同，供应商希望通过应收账款来获得融资，反向保理（或供应链融资）是由购买方（客户）发起的协助供应商以低于常规利率水平的融资成本获得融资的方法。反向保理对客户来说也是一个解决方案，因为保理融通公司可以将支付管理权移交给供应商。该项业务的条款和条件列明在保理公司和客户的反向保理合同中。这种反向保理业务形式多样，图 3.1 总结了其主要特点。

这项商业计划的创新之处在于它的最终结果是每一方都赢，至少理论上是这样。而事实上：

（1）保理公司的顾客（交易中的买方）得到以下服务：

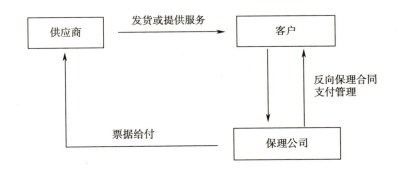

图3.1 反向保理过程

加强对供应商的支付管理，有利于减少支付部门的行政工作，通过减少文书工作可以节约成本，等等。

采用认为最合适的付款方式。

通过协商新的付款期限获得新的可能融资。

投资多余的流动性。

（2）对于供应商来说，反向保理合同可能意味着：

通过避免向客户收款的传统方式所产生的成本费用（邮资、银行收费等）达到直接节约成本的可能。

无预定上限的快速简便的融资方式，其数额取决于客户收到的票据所列金额，与银行贷款形成互补。

某些情况下，保兑或保理公司提供的融资可能形成有效的信用转让，因为此时金融机构接管了信用的所有权及相关风险。

（3）对于保理公司（或金融机构）来说，这项服务可以创造持续价值；从存贷交易的角度来看，这项业务既可以建立现存客户的忠实度，也可以开发新的客户。

从供应商的角度来看，反向保理可以看成一种收回应收账款的有利方式，至少不会比之前的做法更差。能否能充分发掘这些优势，决定性因素之一是供应商和客户之间的博弈，也取决于顾客和金融机构之间的有效协商能力。

完善对客户带来现金数的预测能力

要预测客户对企业带来的盈利，就要预测客户为公司带来的实际现金流。

从财务角度来看，好客户就是能为公司生存和盈利带来持续的现金流。换言之，好客户不仅能给公司带来高毛利率，还能给公司带来足够的现金流。

任何供应商只销售但不及时收款，这都是在投资客户，即融通客户经营，承担客户风险。从供应商的视角来看，应该如何分析为某个特定客户承担风险的合理上限呢？答案就是通过评估客户的经济可行性，从而决定供应商所能承担的风险上限。

在第 1 章中，我们已经介绍过进行此项研究的方法。

一个实际案例

改善应收账款管理重点考虑以下几个要点：

（1）分析现状；

（2）列明发现的问题；

（3）实现的目标；

（4）预测对组织产生的影响；

（5）采取的行动及相应的行动负责人。

我们将在实际案例的帮助下讨论以上要点。

作为西班牙国有企业私营化过程的一部分，一家知名的西班牙商业集团开始思考提高其应收账款管理的适用性。通过对当前情形的分析发现以下问题：

（1）理论和实际收款期限存在显著差异；

（2）没有统一的风险政策；

（3）财务领域和商业领域的应收账款管理协调不充分；

（4）企业信息管理系统没有以提高管理信息的应用为导向，系统运用低效。

（5）缺乏标准化的报告制度。

这份列表虽未囊括所有问题，但我们能借此了解妨碍实现高效应收账款管理系统发展的主要问题。针对案例中的此类问题，公司都提供了一个或一个以上的方案来解决或减少其不利影响，制订了行动计划并委任了合适的责任人。

例如，在分析某些客户延迟支付的情况时，我们发现，其基本原因是由于企业使用的支付方法不适应客户需求或者客户明确请求延迟支付。在财务部门长达六个月的不懈努力下，公司找到了和客户需求相吻合的支付方法，显著减少了延迟支付的客户数量。

为协调相关部分，公司设立了收款委员会。公司还建立了确认延迟支付原因的程序，同时还设立了客户付款与销售业绩的奖励标准。另外，还定义了针对 A 类客户的营业账户内容。

同样，为了制定统一的客户分类标准并为每个客户建立单独的风险控制体系，公司成立了风险管理委员会。

最后，针对到期客户债务收回和减少平均应收账款回收期限，公司建立了相应的奖励制度。

3.4.2　库存管理

在制定库存管理政策时，需要考虑以下几个主要相关问题。

（1）库存管理的目标执行水平。

根据存货的数量的不同，库存管理水平可以体现为单个存货的形式、类别存货的形式等。

（2）所需管理的存货类别。

基本说来，存货可以是原材料、半成品和产成品三类。从这点来看，明确是否有后备库存或存货调整并尽可能地对其进行量化非常重要。

（3）存货成本。

存货成本通常取决于存货的订购成本和运输成本，以及沉淀的货币资金的机会成本。

（4）订货量和订货点。

通常通过基于如销售变动等系列变量的预测假设，模拟最小化提前订货期和存货总成本。

3.5　明智投资

从经济价值的角度来看，所有固定资产都应该分为能够产生经济价值和不能产生经济价值。牢记这一点，对任何重组过程中的固定资产都应该从这个角度进行分析。

这样分析的实际效果很明显：

（1）对新的投资项目，只接受那些能够产生最高经济价值的项目。

（2）对既存的投资项目，逐渐取代那些不能产生预期经济价值的项目。

（3）若不能取代，则着手剥离那些投资项目。

当将这种方法适用于实际情形中时，常见的误区是把账面盈利能力作为决策依据，其实不应该这样。

我们来看一家位于西班牙的食品经销公司——"超值"（Superval）公司的例子。2013 年，该公司开始研究处理一间不再使用的旧仓库的可能性。这间仓库估计仍有 50 万欧元的账面净值，如果变卖则只能产生 10 万欧元的净现金。公司管理层非常不愿意清理该项资产，因为这会形成 40 万欧元的损失。

假设这间仓库对公司没有任何其他用处，那么预计的处理损失并不是衡量清仓决策的正确标准。相反，现金流的税后差异才是正确的思考方式。事实上，正确的分析应该包含以下步骤：

·确认现实的选择：

选择 1：什么也不做

选择 2：进行清理

·不同选择方案的现金流税后差异（假设税率为 30%）：

选择 1：来自于剩余折旧的未来节税收入的现值①

选择 2：€100,000 + 0.3 × €400,000 = €220,000

评价的标准是与公司不同选择下的现金流的估计现值（税后）。这个案例中，正确的决定应该是继续执行清理程序。

总体来说，需考虑不同的实际评估价值，而不只是账面利润或损失。任何案例中，若犹豫是否应将特定的经济事实纳入价值创造分析，我们应该问是否存在以下几个要素：

（1）涉及现金流，即包含实际的收入或支出；

（2）有差异性，即只有在决策作出后才会发生；

（3）要综合税收的影响，即要考虑税之后的影响。

只有当这三个问题都得到肯定答案后，上述问题的现金流才被视作差异化

---

① 假定两年的剩余折旧当每年 250,000 欧元，使用 10% 的贴现率，和不同折旧有关的节税收入现值是 130,165 欧元，税率为 30%。

的现金流。然而，这个理论上的概念在实践中却操作困难，因为差异化的现金流很容易被忽略。

为防止这种情况发生，在任何决策的经济分析中，有必要制定一系列拇指规则：

规则1

别忘了，为满足营运资本要求而做的初始投资和后续投资，结果都是对营运资本的增量投资。

事实上，很多固定资产投资都导致营业额增长，从而带来相应的流动资产增加要求，如提高客户应收账款、存货及库存现金，同时产生了更多的短期债务融资，如供应商、债权人、递延所得税，等等。这些融资需求和资金来源的综合结果会产生差异化的现金流，决策过程中必须予以考虑。

规则2

不能忽视营运资本的最终清算和/或初始投资的部分清算。

任何经济分析都有时间性，即使决策没有期限限制，没有限期的现金流预测毫无意义。因此，分析通常必须有一个截止年份，期间可能包括个别业务的清算或者残值的估计。

若假设最后一年清算投资，别忘了考虑清算产生的现金流和它的税后净额。

规则3

忽略沉没成本，即除非对纳税义务有差别影响，否则不考虑那些已经支付且不能再收回的成本。

沉没成本除了教会我们更好地决策之外不能创造任何经济价值。

规则4

区别过去现金流和未来现金流

换言之，正确地预测未来，而不要机械地把未来理解为重复过去。我们预测未来，是因为我们希望未来更好，或者说我们期望未来与现在不同。

规则5

系统分析现金流

实践告诉我们如果你没有做到系统分析的话，很容易遗漏与此相关的重要组成部分。自由现金流定义给了我们分析差别现金流的系统方法。

（1）自由现金流来自经营过程。

（2）自由现金流产生于营运资本的营运要求。

（3）自由现金流来自固定资产投资或固定资产剥离。

规则6

别忘了不同项目之间可能存在的相互联系。如果能确定这种联系，就可以将其合理量化。

要想清晰建立项目之间的关系，关键是确认项目在时间和价值上的替代关系，否则很容易陷入分析泛滥的局面，似乎任何事情都是相互联系的。

相互联系的典型例子存在于分析使用过剩产能创造价值的项目中。避免常见错误的关键之一就是明确认知这项闲置产能的可供选择用途，包括现在的用途和将来的用途。因此，你要明确该项产能实际闲置的程度以及什么时候停止闲置。

规则7

小心机会成本陷阱。

对机会成本概念的不正确使用是作出破坏价值的错误决定的常见原因。机会成本必须在现实可利用的选择框架内定义。不真实或者不全面的机会成本会令人困惑，到最后每一件事情都可以考虑成其他事情的机会成本。

假设你是公司投资委员会的成员，你们正在讨论是否投资一家新工厂。关键因素之一是要确定这家工厂能否创造经济价值。为明确这点，有必要将所有正确的现金流计算在内，并排除任何不必要的现金流。会议中，投资委员会成员会提出如下问题。

建厂土地属于公司，而公司对该土地没有其他可选用途。假设这块土地所在区域正经历产业扩张是一块优质地块，这意味着它的市场价值相当可观。明确地说，若这块土地的账面价值是2亿欧元并可以6亿欧元的价格对外出售。这4亿欧元的价格差并不会出现在项目分析中，但明确的事实是：如果该项目通过，它代表了企业的潜在的收入损失或者说机会成本。所以，它应该反映为负现金流。

在该案例中，这个市场价值并不是该项目的现金流，因为要将市场价值转化成现金，这块土地需要被实际出售，如此案例中的工厂就没有了。相应地，出售这块土地就变成了一个不同的投资项目，与所讨论的项目形成竞争关系，这里的假设是公司资产的不同用途。专注于相互排斥项目的价值创造分析，目的是选择价值测量最优的项目。

规则 8

自由现金流是管理者应对而非逃避经营风险的最好武器。

自由现金流是关键切入点。其风险程度取决于其波动性，而自由现金流的波动性是理解经营风险的关键。如前文所述，需要区分与损益相关的经营风险和与资产负债表相关的经营风险。就损益方面来看，我们主要讨论的是与收入、支出及损失相关的经营风险。

最后，我们要讨论与全部净资产相关的经营风险。另一个至关重要的因素是资本集约度。当公司需要更多投资来设立新的业务单元时，经营风险就越大，意味着自由现金流的波动越剧烈。

3.6 总结

任何业务重组都是通过经营层面的活动来改善企业自由现金流，达到持续增长的目的。采取某些管理行动可以暂时提高现金流，但重组关注的是一种持续的效果。重组不关注短期效果而是关注长期效果。

业务重组致力于形成新的持续自由现金流，它要求实施与企业各种损益项目相关的新政策和管理决策。绝大部分业务经理都对这种称为损益管理的经营手段很熟悉，这种经营手段针对几个固定的损益科目：提高收入、控制营业成本、减少日常开支，等等。

业务重组致力于通过营运资本形成新的持续自由现金流，应首先考虑最小化企业流动资产以满足企业目标的需求，同时只对绝对必要的项目融资。

营运资本管理不像公司其他活动那样吸引眼球。但是，最佳营运管理可以为企业带来持续的流动财富。和往常一样，魔鬼藏于细节之中。

要评估客户的盈利能力，公司需要评估客户为公司带来的实际货币收入。

从财务角度来看，好客户能带来持续的现金流，有助于公司的经济可行性和盈利能力。换言之，好客户不仅能为公司带来较高的毛利润，还能为公司带来足够现金流。

从经济价值角度来看，所有的固定资产都应该分为能够产生经济价值的和不能产生经济价值的两类。因此，任何重组过程中的固定资产都应该从这个角度进行分析。

　　总而言之,任何业务重组都需要分析、决策制定和管理执行。在所有的管理活动中,不作为也是一个选项。然而,这种不作为会导致消极管理。经验表明,这种决策形式和消极管理方式非常不利于企业价值的创造。

财务重组 | 4

4.1 概述

任何企业重组都将面临大量难题。要解决这些难题，就必须了解其本质和起因。公司的大部分问题是来自业务经营方面，而不是来自财务方面。因此，在提出一个长期的财务解决方案之前，我们必须明白公司不能产生足够现金的原因，然后再对症下药，提出切实可行的商业解决方案。换言之，在通过资金融通化解运营难题之前，先偿试解决它。用融通解决运营低效是最终陷入财务困境的不二法门。

公司获取经济利润的一个途径是适当管理财务杠杆。良好的管理保证债务水平保持在一定范围内。为此，任何财务重组的一个必要步骤就是确定公司的债务能力。

当公司进行企业重组时，要确定债务能力，我们必须考虑公司的最优资本结构。

一旦确定了债务总额和与财务重组相关的资本结构，还需考虑的重点就是选择使用债务的类型。

4.2 引言

企业重组面临大量难题，要解决这些问题就必须先了解其性质和根源。公司大多数问题来自企业运营方面，而不是来自财务方面。因此在提出长期的财务解决方案之前，我们必须明白公司不能产生足够现金的原因，并对症下药提出现实可行的商业计划。换言之，在尝试通过融通解决一个运营难题之前，要先尝试解决该难题。对持续的运营低效进行融通无异于让公司最终陷入财政困境。

令人惊奇的是，对于这个基本常识，我们在作决策时却常常忘记。

我们现在来考虑一个投资决策。在思考如何融资之前，我们必须确保不管我们融资的方式如何，该投资都是好投资。

我们该如何做才有这样的自信呢？方法就是估算投资带来的合理预期的自由现金流（FCF），并计算预期的经济利润率（自由现金流的内部收益率）。如果期望的经济效益很低，同时你相信没有合理的方式改变这一结果，那么就不要再浪费时间试图说服投资者对此进行投资了。如果连你都不能确信一项投资，你又怎么能指望投资者支持它呢。

财务重组措施试图找到一个解决资金短缺的长期方案，但它绝不是现金短缺的全部解决方案。所以假如我们正在解决公司的运营不畅问题，我们还必须考虑如何引入公司的财务制度变革，从而改善现金流的生产。[①]

本章我们就将讨论如何改变这一问题。

4.3　有关债务能力的行动

公司获取经济利润的一个途径是适当管理的财务杠杆。高水平管理能将债务水平保持在一定范围内。在此情景下，任何财务重组的一个必要步骤就是确定公司的债务能力。

一个公司的债务能力取决于预期自由现金流、公司经济可行性，以及股东期望盈利之间的恰当平衡。

假如公司能产生足够多的自由现金流并且在经济上可行，那么举债越多，股东的预期盈利也越多。

在基于折现现金流的估值模型中，我们假设

企业经济价值 = 以加权平均资金成本为折现系数的自由现金流现值

---

① 莫迪格里安尼和米勒定理一，公司的价值独立于公司的资本结构，因此基于没有套利和交易成本（包括税收）的无套利假设，投资和融资决策是分离的。

由于自由现金流独立于债务数额，随着公司负债增多，加权平均资金成本会降低，因此，根据这一模型，企业经济价值（EV）随着公司负债增多而升高。

很显然，评估值模型提供的理论解决方案与商务实践存在明显矛盾[①]，因为公司并不会将其财务制度建立在负债率达100%的资本结构的基础上。

米勒—莫迪利安尼（MM）模型缺失了什么因素才导致我们得到如此奇怪的解决方案？是模型失效了吗？并不尽然，相反，为了应用模型解决问题，我们必须修正它的一些基本假设。

首先，我们的模型假定公司的经营杠杆不受债务水平的影响。按照这个观点，自由现金流将会完全独立于公司管理的债务水平。这一假设在资本结构中债务水平出现边际变化时可能是合理的，但在财务杠杆大幅增加时就完全不合理了。实践中的结果是，超过一定程度的杠杆水平，自由现金流并非与债务水平无关。

导致这一结果的原因有：

（1）附加成本可能会随公司选择破产而出现，这会改变经营性现金流。例如，所谓的"投资不足效应"，即或者由于预见到投资所得将几乎全部补偿给债权人，或者出于缺少投资资源的原因，公司管理层不愿从事这类有利可图的投资。同样地，公司的经营性现金流将由于商业债权人信心的受损而受到影响，或者受到维护费用降到低点导致现有资产经营价值减少的影响。[②]

（2）管理效能存在损耗，必须重点关注债务管理。

（3）过多的债务向市场释放出消极信号。

（4）代理成本由于经理、股东和债权人之间的利益冲突而增加。

（5）经验表明，投融资的使用存在区别对待，倾向于保护现有股东的价值而不是潜在新股东的价值，限制新股东[③]进入，甚至限制新的投资。

利用米勒—莫迪利安尼（MM）模型和资产定价模型所构建的理论经济价值估值模型假定所有债务水平的运营风险保持不变。这产生出一个理论结论，即

[①] 虽然荒谬的经营活动有时候确实会发生，但是这并不是特别常见的。这和莫迪格里安尼和米勒定理二是一致的。该定理表明在没有杠杆或者破产债务成本的假设下，无杠杆资产的成本、财务杠杆和债务的风险债务成本之间存在线性的联系。

[②] 众所周知，在财务困难的情况下，航空公司的乘客总是怀疑飞机是否得到了适当的维护。这种不信任对航空公司的业务收入会产生明显的不利作用。

[③] 在信息不对称的情况下，这种所谓的"啄食顺序理论"出现了。

最优融资结构就是100%负债。为解决这个矛盾，我们必须将债务的直接成本和间接成本①（破产成本）的负价值概念引入到企业经济价值中。

因此，

$$企业经济价值 = \begin{matrix} 以加权平均资金成本为 \\ 折现系数的自由现金流现值 \end{matrix} - \begin{matrix} 与债务或破产成本有关的 \\ 自由现金流现值现值 \end{matrix}$$

随着债务总额的微小变化，公司破产成本一直保持很低。而如果公司债务总额的增加超过了合理范围，企业的经济价值就会产生理论上的下降，因为加权平均资金成本的减少不及破产成本的增加。

图4.1展示了一些行业的困境成本。

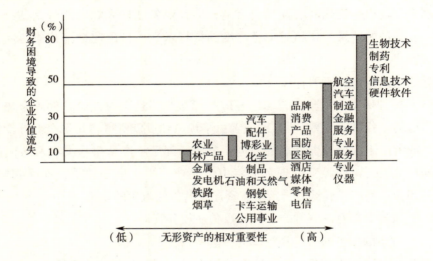

资料来源：哈佛商业评论。

图4.1 行业对困境成本的影响

我们的研究表明，具有无形资产优势的公司更加容易陷入财务困境。知识密集型行业，例如高科技和生命科技公司在陷入财务困境时经济价值流失高达80%，而有形资产公司，像石油和铁路行业，平均只流失10%的经济价值。

实践中企业是如何管理融资决策的，从而将其影响纳入债务成本，同时选

---

① 破产的间接成本的例子就是，在财务危机期间供应厂商要求付款的截止日期缩短，没有能力去兑现对于顾客的服务承诺，管理者专注于内部事务的时间下降导致收入的下降，等等。直接成本的例子包括法律成本，公司必须支付的关于对破产过程的咨询建议花费，等等。

定正确的资本结构的？他们又是以什么标准来决定是否对有长期债务或股权的新项目进行投资的？

4.3.1 债务能力实例

让我们思考奥蒂玛（Optima）有限公司的例子，并假设此时公司经理正在分析是否对一个叫"格鲁比克斯"（Globix）的项目进行投资。经过详细研究后，项目的运营特性可归纳为表 4.1。

表 4.1　"格鲁比克斯"项目的预期运营假设

1. 时间范围	5 年				
2. 经营性现金流的假设：					
年份	1	2	3	4	5
销售额（以千欧元计）	1,500	1,575	1,670	1,720	1,376
销售成本（占销售额百分比）	60%	59%	58%	58%	58%
营业费用（占销售额百分比）	20%	20%	19%	19%	19%
固定资产折旧：					
折旧方法	直线法				
采用会计标准的折旧年限	7 年				
采用技术标准的折旧年限	5 年				
采用财政标准的折旧年限	8 年				
税率	30%				
3. 有关营运资金所产生的现金流的假设：					
营运资金成分变化中预估的初始投资	10 万欧元				
年份	1	2	3	4	5
应收账款（周转天数）	60	60	58	57	55
库存（周转天数）	30	28	27	26	25
应付账款（周转天数）	75	75	75	75	75
上年营运资金的清算价值					60%
4. 与固定资产投资相关的现金流假设：					
初始投资	60 万欧元				
用于维护的年度投资	8 万欧元				
上年清算价值	2 万欧元				

在对任何项目融资前，我们很有必要确保不管融资如何，我们投资的是一个良好的商业机遇。

故此，在思考如何投资格鲁比克斯项目之前，我们确信这是一个好投资，紧接着，我们来计算它的预期自由现金流的内部收益率。

据预测，未来的营运现金流为

预期自由现金流

1. 经营现金流量：千欧元

年份	1	2	3	4	5
销售额	1,500	1,575	1,670	1,720	1,376
销售成本	900	929	968	997	798
毛利润	600	646	701	722	578
营业费用	300	315	317	327	261
折旧费	75	90	105	120	135
息税前利润	225	241	279	276	181
税金	68	72	84	83	54
息前税后利润	158	169	195	193	127
经营现金流量	233	233	300	313	262

基于以下事实，折旧费将如下变化

折旧费的变动：千欧元

年份	0	1	2	3	4	5
折旧基础		600	720	840	960	1080
折旧系数		0.125	0.125	0.125	0.125	0.125
折旧费		600	646	701	722	578

由于不同的折旧费是根据税金标准计算而得的，流动资产净值管理所得的现金流如下

2. 营运资金的现金流：千欧元

年份	0	1	2	3	4	5
初始投资	− 100					
余额变动						
应收账款		247	259	265	269	207
库存		74	71	71	71	55
应付账款		185	191	199	205	164
总计		136	139	138	135	98
营运资金变化		− 36	− 4	1	3	37
清算						59
损失导致的节税						12
运营资金的现金流量总计	− 100	− 36	− 4	1	3	107

这包括第五年的税后资产清算。

最后，与固定资产投资相关的现金流如下

3. 固定资产投资现金流：千欧元

年份	0	1	2	3	4	5
初始投资	− 600					
投资维持		− 120	− 120	− 120	− 120	− 120
清算价值						20
基于损失的节税						197
固定资产投资的现金流总	− 600	− 120	− 120	− 120	− 120	97

第五年清算的节税为

清算导致的节税：千欧元

总固定资产（账面价值）	1, 200
累计折旧	− 525
固定资产净值（账面价值）	675
清算价值	20
清算导致的损失	655
节税	197

因此，与格鲁比克斯项目相关的自由现金流可以归纳如下

预期自由现金流：千欧元						
年份	0	1	2	3	4	5
经营性现金流		233	259	300	313	262
营运资金现金流	−100	−36	−4	1	3	107
固定资产投资的现金流	−600	−120	−120	−120	−120	97
自由现金流值	−700	77	135	182	196	466

这些自由现金流由此产生的内部收益率为 11.7%。

在证实这项投资有利可图之后，我们需要考虑如何为其融资。这一阶段我们需要考虑以下方面：

（1）任何时候都应优先考虑负债，因为它是一个廉价的资金来源。

（2）利用负债的可能性取决于项目的可行性。

（3）利用负债是否方便取决于项目的盈利因素影响企业整体的因素。

让我们将这些想法运用到奥蒂玛有限公司。

我们知道格鲁比克斯项目是一个很好的投资项目，公司现在的资本结构是30%的资本负债率。这个项目可以用高比例负债率来融资吗？假如产生的自由现金流能满足偿债义务，答案就是肯定的。

我们现在分析一下，如果我们初始投资采用银行贷款，占总投资的40%，贷款年利率为5%，5年分期偿还，每年还款额为56,000欧元。

预计还本付息额为

债务演变						单位：千欧元
年份	0	1	2	3	4	5
债务	280	224	168	112	56	0
利息支出		14	11	8	6	3

股东的预计自由现金流或权益现金流为

预计的权益现金流						单位：千欧元
年份	0	1	2	3	4	5
自由现金流	−700	77	135	182	196	466
债务偿还	280	−56	−56	−56	−56	−56
利息（1−t）		−10	−10	−6	−4	−2
权益现金流	−420	11	11	120	136	408

由于项目采用债务融资，由此产生的股东盈利为 15.2%。如果不负债，股东的预期盈利将为 11.7%。

即使采用 40% 的负债理论可行，但最初两年的权益现金流还会非常小，这意味着任何来自预测的负偏差都可能会危及项目的运行，如果是这样，就需要股东来注入流动性。

为了分析格鲁比克斯项目融资的不同方案，我们总结出不同收益率和流动性风险的各种情况，如表 4.2 所示。

根据这一分析，格鲁比克斯项目可以 40% 的债务融资，按年利率 5% 的，5 年分期偿还 56,000 欧元。

4.2　情况总结　　　　　　　　　　　　　　　　千欧元

情景	1	2	3	4	5	6
初始负债水平	50%	40%	30%	20%	10%	0%
第一年权益现金流（千欧元）	− 5	11	28	44	60	77
股东收益	16.6%	15.2%	14.1%	13.2%	12.4%	11.7%

但是，这可能并不可取。那么我们如何确定适当的负债水平呢？

正如前面所提到的，在分析格鲁比克斯项目的可行性时，首要的准则就是要实现股东要求的收益和项目流动性风险之间的良好平衡。一方面，虽然 40% 的项目负债融资理论可行，但肯定不明智，除非你对项目的现金流有绝对的把握。另一方面，采用 10% 的债务融资能减轻管理者的压力，但要以股东低收益率为代价。这将在管理者和股东之间形成利益冲突，体现为"代理成本"。为了实现对立利益之间的适当平衡，有必要考虑项目现金流的预测因素及管理者运行项目的风险情况。[①]

但是，所有与特定项目相关的融资决策需要在公司整体经营计划的背景下进行分析。因此，给定负债水平下的格鲁比克斯项目的适用性取决于奥蒂玛公司是否拥有其他未来可行的投资项目。实践中，公司根据以下标准来考虑这些相互关系：

---

① 这就是为什么商业项目一开始往往伴随着高杠杆的主要原因之一，例如已经广泛执行的项目融资、杠杆收购或者管理层收购等。到了运营风险相当低且保持稳定的程度上，通过对影响自由现金流的风险的适当管理，在债务的成本没有快速增加的情况下，才允许项目承担更大的金融风险，去创造更多的经济价值。

（1）灵活性。由于缺乏外部资金，采用负债融资的格鲁比克斯项目可能导致未来投资机会的丧失，所以灵活性很重要。应更加强调股权融资。

（2）控制。相反，为维护股东控制权，准则就是利用负债融资，以防止发行新股稀释股权。为解决灵活性和控制之间的矛盾，方法之一就是使用混合融资工具，如可转换债券，这可使公司既不牺牲项目未来灵活性又保持控制权。只要融资根据项目能产生经济价值，这种方法也可避免债券转换时股权的稀释。

（3）稀释每股收益（EPS）。每股收益的稀释有时被视为融资决策的关键因素。根据这种观点，通过稀释每股收益，股票价格将回落。因此，既然发行新股来融资会稀释每股收益，则债务融资应当优先。

避免稀释每股收益的重要性到何种程度？在决定项目融资时应不应该考虑它？与所有金融或会计指标一样，维持每股收益相对重要，其重要程度不是每股收益被稀释了，而是没能理解造成稀释的原因。因此，我们需要区分每股收益稀释的直接和间接原因，因为所有增加公司资本的融资不可避免地导致每股收益的直接稀释。假设投资项目产生经济价值，这反过来在中长期将导致每股收益的增加（调和稀释）。在任何情况下，当稀释发生时，都应当给出理由，并说明使价值重新创造的行动。

在应用上述标准到格鲁比克斯项目时，奥蒂玛公司的管理层应当解释说明，其投资在一个非常有利可图的项目上，并使用了股权融资。之所以这样做，是因为它未来还有许多项目，为此有必要保留债务融资工具作为未来的首选。这还将带来价值创造，中和短期的稀释效应。

（4）预期。决定项目融资的另一个重要考量是对公司未来金融市场和公司所处市场发展的预期。事实上，奥蒂玛公司表明新项目用债务融资，这就证明用自有资源开展现有项目的合理性。如此，奥蒂玛公司保留各种融资工具在手，未来利率还可能下降。

（5）风险。如前所述，想象的项目风险和现实风险（运营风险）、公司目前的融资结构（融资风险），是决定选择投资项目融资方式的重要考量。一般说，给定相似的风险水平，运营风险较低的项目更偏爱债务融资。相反，运营风险相似的项目，如果公司认为财务杠杆过高，就应当选择股权融资。

（6）与其他公司的对比。对照同行企业资本结构是企业决定自己融资结构的通常做法。比较决策有利有劣，取得于具体案例。例如，构成同类企业的，通常取决于其所追求的目标。同类公司不一定处在同一行业。某些情况下，使用相似的运营风险水平作为评判同类企业的标准更妥当。

假设正在讨论的格鲁比克斯项目和公司中考虑了这些标准，情况将会如下：

·奥蒂玛公司资本结构包含大约30%的负债。

·公司管理层认为，应在未来保持这种结构。

·格鲁比克斯项目不是奥蒂玛公司的一锤子买卖项目，而是经批准的投资计划组成部分。

·在这样的背景下，经公司研究决定，重要的是维持灵活性，以便为未来留出更多的债务融资空间。

·虽然格鲁比克斯项目本能够承担更多债务，但公司决定初始融资比例为30%，期限5年，贷款条件如下（以千欧元计）

债务演变

年份	0	1	2	3	4	5
债务	210	168	126	84	42	0
利息支出		11	8	6	4	2

公司为该项目股权融资490,000欧元，这将为其股东带来14.1%的预期盈利，如表4.3所示。

表4.3 预计权益现金流　　　　　　单位：千欧元

年份	0	1	2	3	4	5
自由现金流	−700	77	135	182	196	466
债务偿还	210	−42	−42	−42	−42	−42
利息（1−t）		−7	−6	−4	−3	−1
权益现金流	−490	28	87	135	151	422
内部收益率	14.10%					

4.4 改善资本结构的措施

公司重组时，为了确定其债务能力，我们需要参照适合公司的最优资本结构。那么我们如何能够估计该最优资本结构呢？

如前所述，我们已知

$$企业经济价值 = \frac{以加权平均资金成本为}{折现系数的自由现金流现值} - \frac{与债务成本或破产}{成本有关的成本现值}$$

任何重组公司通过业务重组措施持久增加其自由现金流都会增加企业经济价值。但如果公司改变债务总额将会发生什么？这将会由导致加权平均资金成本和破产成本的变化，从而改变企业的经济价值。在未偿还债务微小变化时，破产成本（BC）保持在很低的状态。但如果公司增加债务超过合理范围，由加权平均资金成本减少带来的企业经济价值理论上的增加将比不上破产成本的增加，结果是公司经济价值下降。

因此，对于任何进行企业重组的公司来说，当加权平均资金成本减少所导致的经济价值的边际增量等于破产成本增加而导致的经济价值的边际减量时，这时的债务量称为最优债务量。在此负债水平下，公司经济价值达到最高水平，因为这同时包括了业务重组和财务重组对经济价值的影响。

接下来我们分析加拿大一家经历企业重组的公司——马奎斯（Marquis）有限公司的案例。在实施了重组中所有期望的业务措施后，该公司自由现金流为

单位：千欧元

年份	1	2	3	4	5
业务重组之后的自由现金流	200	250	275	300	325
最终价值					1,625
自由现金流总值	200	250	275	300	1,925

公司现在资本结构中资本负债率为20%。我们如何确定20%的负债率是一个合理的资本结构，能作为财务重组的一部分？一种方法就是分析马奎斯公司重组后的最优资本结构。

为此，我们必须估算马奎斯公司与不同财务杠杆水平相关的债务成本的预期变化。假设非杠杆系数为0.8，税率为30%，无风险利率为5%，以及市场溢价（MP）为4%，我们估计与不同财务杠杆相关的加权平均资金成本的变化如下

债务	20%	25%	30%	35%	40%
股本	80%	75%	70%	65%	60%
非杠杆系数	0.8	0.8	0.8	0.8	0.8
无风险利率	5.0%	5.0%	5.0%	5.0%	5.0%
期限溢价	4.0%	4.0%	4.0%	4.0%	4.0%
无负债的股权成本	8.2%	8.2%	8.2%	8.2%	8.2%
实际债务成本	6.0%	6.0%	6.5%	6.5%	6.8%
有负债的股权成本	8.75%	8.93%	8.93%	9.12%	9.17%
加权平均资金成本	7.84%	7.75%	7.62%	7.52%	7.39%

当然，马奎斯公司的经济价值将随着采用不同资本结构而改变。假设一定的预估破产成本[1]，考虑到财务杠杆将公司经济价值最大化，我们就能规划出重组公司的最优资本结构

单位：千欧元

债务	20%	25%	30%	35%	40%
股本	80%	75%	70%	65%	60%
无破产成本的经济价值	2,178.5	2,185.9	2,197.1	2,205.2	2,215.9
经济价值的边际变化		7.4	11.2	8.1	10.7
破产成本	200.0	204.0	210.0	218.1	235.0
破产成本的边际变化		4.0	6.0	8.1	16.9
有破产成本的经济价值	1,978.5	1,981.9	1,987.1	1,978.1	1,980.9

如上表所示，马奎斯公司的最优资本结构应当是 35% 的资本负债率，在这一债务水平时，由较低加权平均资金成本导致的经济价值的边际增长量相当于与破产成本相关的经济价值的边际减少量。

---

① 有许多不同的方法来评估破产成本，一些作者采用下述公式

破产成本 = 破产可能性 × 破产成本

依靠在给定的一段时间内的具有相似的债务等级或比率的公司走向破产的百分比等历史数据，运用综合比率来预估公司破产的可能性。破产成本也能够依靠关于该主题的其他研究成果来评估。根据由代理变量得来的不同研究，破产的直接成本可能是 5%，破产的间接成本可能为 15%。附录 4.1 包括了与最佳资本结构有关的主要书籍书目和参考文献。

4.5 改善债务类型

在确定与财务重组有关的债务总额和资本结构之后，另一个需要考虑的重要问题是债务类型的选择。

我们来讨论一下有关这个问题的一些黄金法则。

始终用短期融资工具来为短期需求融资，用长期融资工具来为长期需求融资。

我们先来思考一个例子，2015 年 6 月两家私人股本公司（PAI/Permira 和 CVC）收购了考特菲尔（Cortfiel）公司。

考特菲尔是一家跨国经营的西班牙纺织公司，其主要业务范围包括以不同商业名称连锁经营的零售店来销售服装（Coretefiel、Springfield、Pedro del hierro、Douglas、Milano 、Don Algodon 以及 Women's Secret）。截至 2005 年 2 月，这家公司在 37 个国家开设了 1,100 个销售网点，并雇用了共计 8,500 多人。90% 以上的销售网点由这一集团拥有，特许经营销售在公司中的比重微不足道。

收购考特菲尔公司是通过高杠杆资本结构操作来融资的。与一些金融机构谈判之后，CVC 达成了以下融资计划的协议（以百万欧元计）

融资使用	
股份购买	1,400
现有债务偿还	38
操作成本	44
使用总计	1,482
融资来源	
资本	388
高级债务	671
夹层债务	273
售楼过桥贷款	150
来源总计	1,482

优先债务分为具有以下性质的三层级

	百万欧元	初始成本	持续时间	还款
A	337	2.25%	7 年	还款计划
B	167	2.75%	8 年	一次还本贷款
C	167	3.25%	9 年	一次还本贷款

夹层债务期限超过 10 年，贷款初始成本为 10.5%，到期时一次性偿还（一次还本贷款）。

过桥贷款在第一年年末以 2.25% 的利息成本还本付息。

我们可以看到，这一收购，利用长期融资来支持长期投资，并利用短期融资来支持短期投资，包括全新的考特菲尔公司销售一部分建筑物。①

4.5.1　使偿债时间和预期自由现金流产生的时间相匹配

业务经营的重组措施应该能产生预期自由现金流。财务重组中的偿债时间应与预期自由现金流产生的时间一致。

这在某些情况下十分关键，因为大多数贷款合同明确规定了覆行债务利息覆盖率（RSCD）的条款。债务利息覆盖率是产生的自由现金流与全部偿债支出的比率，一些条款甚至规定该年比率必须达到 1.5 倍。

回到 2005 年的考特菲尔公司收购案，这一操作具体体现在公司经营计划中的业务重组。接下来五年的经营计划基本如下。

·未来五年增加 38% 的销售额，通过开设新商店和维持现有商店的收入水平来实现。

·毛利率提高 2%。通过大幅增加在成本较低的亚洲国家的采购。尽管公司近些年已经开始将其采购和生产迁移至亚洲，但未来五年的计划需要更大的野心。我们可以预见未来两年就可以逐步实现毛利率提高 2% 的目标。

·利用一切机会，削减经营成本。鉴于经营费用高达 8,000 万欧元，这为我们提供了优化的可能。家族企业的，这些费用包括间接付给家族成员的报酬，重组后很容易被取消。

·经营计划设想了公司运营资本管理的改进。考特菲尔公司的存货周转率

---

① 为了创造现金流，分门别类地估值并尽快销售考特菲尔的不动产是非常必要的。虽然公司经理相信这些资产能够值大约 3 亿欧元，但一个最近关于这些不动产的价值的独立评估报告指出这些资产大约值 1.5 亿欧元。他们希望在第一年的年末实现这些销售。

远低于行业标准，一年大概有三次。此外，减少客户收款时间也是可以采取的措施。

·最后，未来五年预计投资 1.53 亿欧元开设新店。该公司还计划每年平均投资 2,600 万欧元，用于维护计算机系统和其他项目。

实施本经营计划产生的自由现金流统计如下

年份	1	2	3	4	5
经营性现金流	133,843	138,677	149,326	158,867	167,057
营运现金流	−5,765	−7,115	−10,010	3,270	18,893
资本变动的现金流	128,809	−56,700	−56,400	−55,200	−53,700
自由现金流	256,887	74,862	82,916	106,937	132,250

现在我们把与新考特菲尔公司财务重组相关的偿债演变与实现经营计划产生的自由现金流进行对比

年份	1	2	3	4	5
自由现金流	256,887	74,862	82,916	106,937	132,250
利息 * （1 − 税率）	−37,161	−34,652	−34,211	−33,329	−32,237
分期偿还债务	−157,000	−21,000	−42,000	−52,000	−65,000
权益现金流	62,725	19,210	6,705	21,608	35,013

在这一案例中，债务利息覆盖率（RCSD）的预期演变将为

年份	1	2	3	4	5
债务利息覆盖率	1.32	1.35	1.09	1.25	1.36

4.5.2 使用最合适的债务融资工具

记住前面所述，在大多数情况下，在决定选择何种类型的债务融资工具时，分析财务松弛及/或财务弹性是关键。

具有高成长机会的公司往往在资本结构上更趋向保守，更注重财务的灵活性，因为他们不想因为缺乏资金而失去未来的投资机会。

公司价值可以分解为两部分：基本企业价值（与持续发展有关的企业价值），以及增长机会企业价值（从未来及新的成长机会而得到的企业价值）：

企业价值 = 基本企业价值 + 成长机会企业价值

由于企业价值主要来自第二部分，所以应该通过设置一个更为保守的资本结构以及使用较高流动性的债务融资工具等来把财务灵活性和流动性放在第一位。

我们考虑迪科萨（Dicasa）公司这一例子，公司经营食品配送，运营中心在西班牙的卡纳里群岛（Canary Islands）。从 2005 年开始，公司增长开始放缓，原因如下。

首先，严重的竞争威胁开始通过连锁超市，如 Superdiplo，以及大型连锁商场，如 Mercandona、Alcampo、Carrefour 和其他商场席卷卡纳里群岛。在 2005 年以前，卡纳里群岛的地理位置在某种程度上是竞争对手希望进入市场的障碍。

其次，很难通过在岛内开设新经营场所来维持业务增长，因为大部分有商业价值的区域已被覆盖，开新店只能导致现有超市互相残杀。

2007 年年初，面对不同的选择，管理层认为迪科萨公司是个有效且管理良好的公司，并且拥有高效系统，可以将其有效管理体系移植到伊比利亚半岛（Ibérian Peninsula）的其他配送公司。因此，他们选择在卡纳里群岛外发展，将业务扩张到伊比利亚半岛，最后成为该地区食品配送行业的"领头羊"。

扩展过程的第一步开始于 2008 年，这年迪科萨公司有机会收购了一家名叫苏阿萨（Suarsa）的公司，其位于萨拉戈萨（Zaragoza），它是由 80 个遍布在西班牙的阿拉贡（Aragon）、拉里奥哈（La rioja）和纳瓦拉（Navarre）自治区的经营点组成的网络。

为了对此筹资，迪科萨公司考虑了以下选择。

（1）通过私募发行不可转换债券的外部融资。他们不倾向于发行可转换债券，因为股权已经相当分散。

（2）筹集私人资本以增加股本。有以下几个选项。

·只向现有股东筹资。由于他们缺乏兴趣，这不具有可行性。

·向新投资者开放投资渠到。一家金融实体已经非正式地表示了参与增资和收购苏阿萨公司的愿意。

·混合融资，即增资与外部融资相结合。

收购苏阿萨公司是个重要的初始步骤，但不是唯一的一步。假设他们这次操作成功，公司将通过新的收购在西班牙大陆上继续扩张，这不会超过两年或三年的时间。这些因素影响了苏阿萨公司收购的财务计划。尽管这一收购可以只通过发行债券融资，但迪科萨公司的管理层决定为了不失去未来出现新收购机会时的必要灵活性，通过发行新股权和债券来混合融资。

4.6 一些常见的融资错误

如果一个公司确实存在营运问题，只从财务入手永远不是解决办法。营运问题需要营运解决方式，而不是财务方式。如果陷入困境的公司出现融资错误，情况会更糟糕。

常见的融资错误之一是试图利用公司不同利益相关者之间存在的信息不对称。缺乏透明度从来不是好事。

珀斯堪那瓦（Pescanova）公司就是案例，作为食品行业的龙头集团企业，它成立于1960年。该企业将赌注下在垂直并购上，从获取初始产品，到加工成最终目标产品的过程，再到欧洲、美国、日本的零售网点。在垂直一体化中，获得渔业资源是通过自己的捕鱼船队，农业资源则通过自己不同的种植农场。

2013年年初，珀斯堪那瓦集团拥有160多家公司，遍布5大洲和20多个国家。该集团拥有100多艘捕鱼船，约50个鱼类养殖场，30多个处理超过70多种海产品的加工厂，用16个自有商标进行销售。其员工约达10,000人。

由于从2007年开始的经济危机导致消费需求减少，2013年，珀斯堪那瓦没有能力产生足够偿还债务的自由现金流，它开始与债权人协商外部融资条款。当时的外部审计人员（BDO）拒绝对珀斯堪那瓦发布的财务报表发表意见，其理由是该报表对未偿还债务实际金额不够透明。新的外部审计人员（KPMG）详细审计了集团公司数量和实际债务金额。报告的数额从2012年9月的15.22亿欧元变为30多亿欧元。从2013年3月15日起，该公司股票在马德里证券交易所被暂停交易。在2013年7月董事会会议的争论后，珀斯堪那瓦集团主席被解雇。2013年9月，股东提名了一位新主席，授权其重组珀斯堪那瓦。

4.7 总结

任何进行企业重组的公司都面临大量难题，为了解决这些难题，首先必该了解其本质和起因。公司的大部分问题来自业务经营方面，而不是来自财务方面。因此，在尝试找到长期的财务解决方案之前，我们需要了解公司不能产生足够现金的原因及要解决的关键问题，我们需要一个可行的商业计划。总之，在用融资解决营运问题之前，我们先尝试解决营运问题本身。用融资解决经营效率低下必定导致财务困境。

适当管理的财务杠杆是公司产生经济利润的一种方式。优良管理需要将债务水平保持在一定范围内。在此情形下，任何财务重组战略的关键一步都是确定公司的债务负担能力。

当一个公司着手进行企业重组时，为了确定该公司的债务负担能力，我们需要参考公司的最优资本结构。

确定了与财务重组相关的债务数额及资本结构后，下一个关键点是要选择使用的债务类型。

关于这个问题，有以下几个黄金规则。

· 短期财务需求只用短期融资工具，长期财务需求只用长期融资工具。

· 偿还债务本息时间要与预期的自由现金流到位时间衔接一致。

· 使用最合适的债务融资工具。

附录

附录4.1：一些有关最优资本结构的参考书目

［1］Ahn，D.、Flglewskis，S.、Gao，B.：《自适应网络模式：一种有效期权定价的新方法》，讨论稿，纽约大学斯特恩商学院，1998。

［2］Altman，E. L.：《破产成本问题的进一步实证调查》，载《金融学刊》，1984（39）（4），1067~1089页。

［3］Andrade，G.、Kaplan，S.：《财务困境有多昂贵（非经济上的）？从陷入困境的高杠杆交易获得的证据》，载《金融学刊》，1998（23）（5），1443~1493页。

［4］Black，F.、Cox，J.：《为公司债券估值：债券协议条款的影响》，载

《金融学刊》，1998（31）（2），351～367页。

［5］Black，F.、Scholes，M.：《期权定价和企业负债定价》，载《政治经济学杂志》，1973（81）（3），637～654页。

［6］Boyle，P.、Lau，S.：《用二叉树法解决障碍》，载《派生杂志》，1994（1）（4），6～14页。

［7］Brennan，M. J.、Schwartz，E. S.：《企业所得税以及最优资本结构难题》，载《商业期刊》，1978（51），103～114页。

［8］Brennan，M. J.、Schwartz：《可转换债券的分析》，载《金融与定量分析杂志》，1980（15），907～929页。

［9］Cannaday，R.、Yang，T.：《最优杠杆策略：不动产投资的资本结构》，载《房地产金融财经杂志》，1996（13），263～271页。

［10］Cheuk，T.、Vorst，T.：《复杂的障碍选择》，载《派生杂志》，1996（4），8～22页。

［11］Ciochetti，B.：《商业抵押回赎权的损耗特性》，2004。

［12］Ciochetti，B.、Deng，Y.、Shilling，J. 和Yao，R.：《有发起人偏见的商业抵押贷款违约比例风险模型》，http：//rdcohen. www. 6. 50megs. com/abstract. htm，2003。

［13］Damodaran，E.、Kani，I.、Ergener，D. 和Bardhan，I.：《障碍期权的增强数值方法》，载《高盛定量策略研究笔记》，1995。

［14］Fourt，R.、Matysiak，G. 和Gardner，A.：《捕捉英国房地产波动》，第13届年度欧洲房地产会议（ERES）上发表的论文，2006，Weimar，德国。

［15］Fou，Q.、Wang，K.：《异构预付处罚结构下的商业抵押贷款偿还》，载《房地产研究杂志》，1990（25）（3），15～37页。

［16］Gau，G.、Wang，K：《房地产投资的资本结构决策》，载《美国房地产和城市经济学协会杂志》，1990（18）（4），501～521页。

［17］Graham，J.：《负债的税收好处有多大?》，载《金融学刊》，2000（55）（5），1901～1904页。

［18］Graham，J.、Harvey，C.：《首席财务官如何做出资本预算和资本结构决策?》，载《应用公司金融》，2002（15）（1），8～22页。

［19］Haug，E. G.：《完整期权定价公式》，麦格希出版社，1998。

［20］Hull, J. C.：《期权、期货以及其他衍生品》，（第五版）普伦蒂斯·霍尔出版社，2003。

［21］Kraus, A.、Litzenberger, R. H：《最优财务杠杆的状态偏好模型》，载《金融学刊》，1973（28）（4），911~922页。

［22］Kamrad, B.、Ritchken, P.：《K状态变量下的期权多项近似模型》，载《管理科学》，1991（37）（12），1640~1652页。

［23］Kane, A.、Markus, A. J. 和 Mc Donald, R. L.：《负债的税收优势有多大?》，载《金融学刊》，1984（39）（3），841~853页。

［24］Kane, A.、Markus, A. J. 和 Mc Donald, R. L.：《负债政策和杠杆溢价回报率》，载《金融与定量分析杂志》，1985（20）（4），479~499页。

［25］Leiand, H.：《企业负债价值、债权以及最优资本结构》，载《金融学刊》，1994（49）（4），1213~1252页。

［26］Leiand, H.、Toft, K. B.：《最优资本结构、内生破产以及信用利差期限结构》，载《金融学刊》，1996（51）（3），987~1019页。

［27］Longstaff, F.、Schwartz, E.：《一个评估风险固定和浮动利率债务的简单方法》，载《金融学刊》，1995（50）（3），789~821页。

［28］Lintner, J.：《证券价格、风险以及多样化的最大收益》，载《金融学刊》，1965，（20）（4），587~615页。

［29］Merton, R. C.：《公司债券定价：利率的风险结构》，载《金融学刊》，1974（29）（2），449~470页。

［30］Merton, R. C.：《未定权益的定价以及MM原理》，载《金融经济杂志》，1977（5），241~249页。

［31］Merton, R. C.：《连续时间金融》，布莱克维尔出版社，1991。

［32］Merton, R. C.：《企业所得税和资本成本：修正》，载《美国经济评论》，1963，6月，433-443页。

［33］Ritchken, P.：《障碍期权定价》，载《派生杂志》，1995（3）（2），19~28页。

［34］Sharpe, W. F.：《资本资产定价：风险条件下的市场均衡理论》，载《金融学刊》，1964（19）（3），425~442页。

［35］欧洲估价师协会：《2000年欧洲估价标准》，第4版，载《房地产学

报》，2000。

［36］Titman，S.、Torous，W.：《评估商业抵押贷款：高风险债务定价的未定权益方法的实证调查》，载《金融学》，1989（44）（2），345~373页。

［37］Titman，S.、Tompaldis，S.、Tsyplakov，S.：《商业抵押贷款信贷利差的决定因素》，工作报告，2004。

［38］Trigeorgis，L.：《期权相互作用的实质以及多个实物期权投资的价值》，载《金融与定量分析杂志》，1993（28）（1），1~20页。

［39］Vandell，K.、Barnes，W.、Hartzell，D.、Wendt，W.：《商业抵押贷款违约：采纳个人贷款记录的比例风险》，载《美国房地产和城市经济协会杂志》，1993。

困境公司的估值 | 5

5.1 概述

在陷入财务困境时，公司资产的经济价值估价成为决定是否维持公司运营的重要因素。一家公司如果不能偿还债务，便被视为陷入危机，这往往是由于公司为了产生必要的现金流而对业务结构进行调整但最终失败。

为了通过私人协商程序来达成债务重组协议，第一要务就是对公司进行价值评估。因此，这又成为对价值评估的认同问题，即银行认可重组后的债务价值优于不重组（公司清算价值）的债务的问题。

在清算时，公司的经济价值即是其全部净资产出售收入的税后所得，它是一个扣除了适用应缴税额后的市场价值。

5.2 引言

在陷入财务困境时，评估公司资产的经济价值成为决定是否维持公司运营的重要因素。

这是个目前广为关注的问题，对该问题的讨论已经超出了学术界范围。值得注意的是，困境估值仍是各国在其金融系统中实现改革需要面对的最大困难之一。此外，现在显然应对这样的困难在当前的经济形势下希望渺茫，除非受害国家对金融体系进行改革。

一家陷入危机不能够进行债务清偿的公司，常常错误地尝试业务结构调整来产生必要的现金流。

当一家公司陷入困境，它将面临两个选择。

（1）通过私人协商达成债务重组协议。

（2）申请破产，这可能导致破产协议达成或者进入清算程序。

为了通过私人协商程序来达成债务重组协议，第一要务就是对公司进行价值评估。因此，这是一个关于认可估值的问题，即银行重组后作为债权人的价值比不重组（公司清算价值）要好。

5.3　困境公司估值

合理估值的关键在于确立估值程序所需要实现的主要目标。存在以下几个重点。

（1）公司价值是公司的经济价值，而非它的账面价值、情感价值、文学价值，或者任何与真正的的经济价值无关的价值。

（2）最为重要的目标是确立公司净资产的经济价值[1]。

（3）经济价值可以是外在价值[2]，参考外部或者市场来量化；也可以是内在价值[3]，即商业计划所确定的业务基础。

在清算时，公司的经济价值即是其全部净资产出售所获收入的税后所得。这是一个扣除了所适用的应缴税的市场价值。

将公司当作没有杠杆进行估值比较是一个很好的切入点，因为这样可以将（没有杠杆下的）继续营运价值（正常经营企业的经济价值）与资产的清算价值进行比较。这种比较可以让我们看清实施财务重组是否值得。在市场上存在许多公司有形资产的清算价值高于其继续营运价值的例子。在这种情况下，使公司进入清算程序将可能会是债权人的首选。相反，如果公司继续运营的价值明显高于清算的价值，则债权人将会考虑财务重组的方案。

---

[1]　净资产总值被认为是净流动资产和净固定资产的总和。净流动资产等于不包括短期债务的营运资产的净资产被认为是净流动资产和净固定资产的总和。净流动资产等于排出短期债务的营运资本。

[2]　也看作是作为相对价值和市场价值。

[3]　也看作是基本或基础价值。

决定债务重组后公司的合理价值的最佳方法是什么？

理论上，既然这是一个重组后估算经济价值的问题，将分析仅限于外在价值的范畴就似乎不太合理了。更加符合逻辑的做法是准确界定企业重组程序包括的内容，确保同时包括运行和财务重组两个层面，评估影响企业经济价值的各种变动因素，并对这些因素进行敏感性分析。实际上，估值过程能让我们发现重组的关键驱动因素，以及如何、何时运用于实现价值最大化的战略。

对于这类估值，使用现金流折现法通常是一个不错的方法，并与市场参考价值进行比较。

采用真实选择权来给公司估值有意义吗？答案是肯定的，只要这类选择权有明确的经济价值，即它们必须是排他的和明确的。任何通过真实选择权来估值的例子都与折现现金流方法相似。

表 5.1 显示了给困境公司估值的几个要点。

总之，为了给重组公司估值，必须对重组计划得以继续下的经营资产所产生的自由现金流（FCF）进行预测，然后以加权平均资本成本将其折现。与之相应的自由现金流和新的资本结构被定义为重组过程的结果[①]。

表 5.1　估值的关键

清算时公司的价值	⟶	市场价值（税后）
重组后公司的价值	⟶	设计重组计划： 营运 财务 依托商业计划的内在价值 现值（自由现金流，加权资金成本）

该方法产生出一个公司营运资产的估计值。如果困境公司没有营运资产，且营运重组计划没有预留资金安排，就必须作出有针对性的调整（积极地或者

---

　　① 在一些案例中，在计算现金流的细节时，把股东权益现金流的折现也包括在营运和财务措施中是很有用的。股东的现金流说明公司是否具有生存和盈利能力，以及公司是什么时候被重组的。

消极地），以便包括上述估计出的营运资产价值。

最后通过对比重组公司（总资产净值的经济价值）的估计值和重组公司债务的价值，就可以估计公司拥有资源的经济价值。

让我们一起在实例中应用这些概念吧！

5.4　对困境公司估值的实例

来看一个关于格鲁夫（Grove）股份有限公司的例子。

2014 年年末，格鲁夫公司由于营业收入的减少和居高不下的营业支出和费用，出现了一系列流动性问题。公司不能产生足够的现金流来应对它短期的营运和财务支出。而且过去几年的市场形势导致公司的战略资产的市场价值出现重大下降，从而减少了长期融资抵押品的价值。

格鲁夫公司面临经济困境，为了使自己重振旗鼓，开始与许多银行谈判以达成更改债务条款及条件的私人协议。这份协议将决定格鲁夫公司未来的现金流如何在众多的商业和金融债权人之间进行分配，从而避免公司破产或者清算，否则所有的参与方都将受损出局。

公司必须实施业务重组和财务重组计划，并且在公司生存与让步之间寻求平衡。这些要求让步的经济主体主要来自财务主体、股东和利益相关者（顾客、员工等）。

这是格鲁夫公司 2014 年年末的资产负债表摘要

单位：百万欧元

营运流通资产	200	营运流动债务	100
		财务主体债务	650
固定资产净值	500	股权	− 50
总资产	700	债务＋股权	700

如前文所述，公司无法继续支撑下去，公司新的所有者和管理者开始与各财务主体协商，以确定一个重组计划，协商的一部分内容是要银行相信格鲁夫公司的清算价值低于实施重组后的价值，从而获得银行的再贷款。换句话说，银行不得不同意，如果他们现在清算公司，带来的损失将高于重组的损失。

5.4.1 格鲁夫股份有限公司的清算价值

第一个目标是依据资产负债表和市场形势来达成公司清算价值协议。

格鲁夫公司总净资产税后的清算价值

单位：百万欧元

净流动资产的清算价值	20
净固定资产的清算价值	200
总净资产的清算价值	220
总债务	650
清算时预期的总损失（税后）	430

这些清算价值是 2014 年年底在西班牙房地产形势变化的结果，包括了清算时流动资产和流动债务的损失。

5.4.2 实施重组计划后格鲁夫股份有限公司的估值

2014 年最后一个月，格鲁夫新管理层制订了一个新的商业计划，设定了包括经营层面的改善目标。

（1）关于业务盈利与损失所产生的自由现金流。

第一年（2015 年）预期营业收入为 6 亿欧元，40% 的毛利和 20% 的业务开支。营业收入预期贬值 5%，收入的边际税率将是 20%。这些营业比例将保持 4 年，在整个 5 年期间，营业收入每年增长 5%。

（2）关于资产营运所产生的自由现金流。

引入更好的营运资产管理将缩短运营流动资产的周转期，2015 年 150 天的销售期，2016 年 140 天，2017 年 135 天，2018 年 130 天，2019 年 125 天。

每年营运流动债务将会是营运流动资产的一半。

（3）关于资本支出所产生的自由现金流。

格鲁夫重组计划包括一个固定资产投资计划，日期和数量如下表所示。

单位：百万欧元

年份	2015	2016	2017	2018	2019
投资额	-200	-100	-50	-69	-73

重组计划里的预期总自由现金流如表 5.2 所示。

根据自由现金流的预期值，格鲁夫的管理层与各财务主体协商了新的财务计划。根据这个计划，银行接受了 2.5 亿欧元的资本结构调整（将债务转入资本中），股东注资新股本 1 亿欧元用于减少债务。

公司债务的变化如表格 5.3 所示。

表 5.2 预期的自由现金流　　　　　单位：百万欧元

年份	2015	2016	2017	2018	2019
自由现金流	− 123	10	61	47	50

表 5.3 格鲁夫股份有限公司债务变化　　　　　单位：百万欧元

	最初情况	债务转入资本后	新的资本	最后情况
营运流动负债	100			100
各财务主体负债	650	− 250	− 100	300
股东权益	− 50	250	100	300
负债 + 股东权益	700			700

根据新的资产结构，格鲁夫公司需要在未来年份举借新债来完成营运业务计划，假设条件是，未来 5 年内所有正自由现金流专门用来偿还债务（利息支出和分期偿还本金）。

附表 5.1 显示了格鲁夫未来 5 年财务报表的预期变动的详细数值。

假设平均债务成本为 6%，表 5.4 显示了格鲁夫公司重组之后的债务变化。

表 5.4 资产负债表的预期变化　　　　　单位：百万欧元

资产负债表的预期变化	重组后的最初变化	2015 年	2016 年	2017 年	2018 年	2019 年
净流动资产	100	125	123	124	125	127
净固定资产	500	670	739	755	790	827
总净资产	600	795	861	879	916	953
负债	300	437	449	409	382	350
股东权益	300	358	412	470	534	603
负债 + 股东权益	600	795	861	879	916	953

会计价值项下公司资本结构的预期变化如下表所示。

	重组后最初的变化	2015 年	2016 年	2017 年	2018 年	2019 年
负债	50%	55%	52%	47%	42%	37%
股东权益	50%	45%	48%	53%	58%	63%

为什么各财务主体在同意营运重组的情况下，还愿意接受财务重组？这仅仅是因为格鲁夫公司的清算价值（2.2 亿欧元）低于重组后的债务价值（3 亿欧元）；公司重组后可以正常运行，银行还能成为公司新的所有者，这就是问题的答案。

事实上，作为重组后公司的所有者，银行的预期收益决定于重组后的格鲁夫公司的经济价值，以及银行债转股参与公司所有权的程度。

附表 5.2 是格鲁夫公司估值的一些数字解释，假设营运和财务重组已经实施。

2019 年，重组后的格鲁夫公司价值将为 6.07 亿欧元，这是一个合理的最终价值①，与它的会计价值十分接近。公司经济价值的预期资本结构变化如下表所示。

单位：百万欧元

	重组后最初的情况	2015 年	2016 年	2017 年	2018 年	2019 年
债务	300	437	449	409	382	350
股东权益	307	344	383	428	480	542
企业价值	607	781	832	837	862	892
债务（%）	49	56	54	49	44	39
股东权益（%）	51	44	46	51	56	61
企业价值（%）	100	100	100	100	100	100

5.5　如何分配经济价值？

总之，格鲁夫公司如果做到以下几点将具有经济可行性和可持续性。

（1）新的管理层能够在业务计划中实施营运改进。

（2）这些营运改进要避免由业务营运资本和固定资产清算所带来的营运损失。

---

① 等于按照 3.5% 增长的永续现金流最后的现值。

（3）股东要注资 1 亿欧元偿还债务。

（4）债权人成为格鲁夫公司的股东，接受 2.5 亿欧元的债转股；此外，债权人还要额外承担新债务，并在 2016 年达到峰值 4.5 亿欧元。

假使公司因为这次重组具有了经济可行性，下一个步骤就是决定股东的预期经济盈利性，这取决于公司的总价值和股东参股的比例。

之前已经提及，格鲁夫公司的预期经济价值是 6.07 亿欧元。如果各财务主体决定现在清算公司，他们将获得大约 2.2 亿欧元加上大约 4.3 亿欧元的不可弥补的损失。

如果银行接受公司重组，他们将成为公司的股东和债权人。作为债权人，银行将获得 6% 的经济盈利，这和所预计的债务成本持平。

新股东将由银行和之前的股东构成，他们将分别贡献 2.5 亿欧元和 1 亿欧元的股份。表 5.5 简要说明了新股东在格鲁夫公司重组下的经济盈利的情况。逻辑上，预期盈利与他们在新股本的参与份额有关。

表 5.5　股东盈利的简要说明

情景 1	
老股东的参股比例（%）	100
银行参股比例（%）	0
老股东的盈利（%）	40
银行的盈利（%）	0
银行不可弥补的损失	2.5 亿欧元
情景 2	
老股东的参股比例（%）	50
银行参股比例（%）	50
老股东的盈利（%）	22
银行的盈利（%）	2
银行不可弥补的损失	1 亿欧元
情景 3	
老股东的参股比例（%）	38
银行参股比例（%）	62
老股东的盈利（%）	16
银行的盈利（%）	6
银行不可弥补的损失	0.64 亿欧元

情景4	
老股东的参股比例（%）	29
银行参股比例（%）	71
老股东的盈利（%）	9
银行的盈利（%）	9
银行不可弥补的损失	0.357亿欧元

表5.5描绘的情景有助于我们理解在重组的参与者之间达成平衡，从而各方公平分担损失来拯救公司，这是多么的困难。

在情景1中，所有盈利将归老股东所有，这是一种十分极端和不合理的情况。

在情景4中，显然出现一个更公平的情况，因为参股者（老股东和银行）在资金投入上是一样的。不过，对于老股东来说，他们的预期盈利与预期最小回报（股权成本）十分相近。

在情景2中，展示了一个各方平等参股情况下不平等的盈利结果。

情景3对重组公司达成的参股比例协议是最为合适的，因为银行将获得的盈利与他们作为债权人所获得的一样。同时，老股东将获得16%的预期盈利，比12%的资本成本超出4%。银行相关的损失在26%左右。

在这个案例中，银行没有损失的情况是不合理的，因为这样的话，老股东的预期盈利将会为负（-2%左右）。

再次说明，我们这里解决的是股东们的经济性盈利问题，而不是会计盈利问题①。

5.6 格鲁夫股份有限公司估值的总结

在前文之初，我们总结了将格鲁夫公司改造成具有可行性和可盈利的公司的一些假定条件。现对这些条件补充如下。

（1）新的管理层能够在业务计划中实施营运改进。

---

① 重组公司的平均净资产收益率是13%。

（2）这些营运改进要避免由业务营运资本和固定资产清算所带来的营运损失。

（3）股东注资 1 亿欧元资本，用来偿还债务。

（4）债权人成为格鲁夫公司的股东，接受 2.5 亿欧元的公司资本调整（即债转股）；此外，他们要保持额外债务并在 2016 年达到峰值 4.5 亿欧元。

（5）重组后的格鲁夫公司的价值为 6.07 亿欧元，基本等同其账面价值；格鲁夫公司预期的清算价值低于重组后的债务价值。

（6）重组公司的股权安排协议将最终达成；一个可行的方案是，银行获得的盈利与他们作为债权人所获得的一样（6%）。同时，老股东的期望盈利为 16%，高于资本成本（估计在 12% 左右）。银行相关的损失在 26% 左右。

5.7　总结

本章的要点总结如下。

（1）在陷入财务困境时，评估公司资产经济价值的估值高低成为决定是否维持公司运营的关键因素。

（2）当一家公司不能够清偿到期债务，而且随后改善营运的措施也失败，不能产生急需的现金流，我们就认为该公司陷入了困境。

（3）要通过私人协商程序来达成债务重组协议，首先必须对公司进行价值评估。

（4）说到底，这是一个估值认同问题，即银行接受成为重组后公司（他们债转股股权的价值就是原来债权的价值）的债权人好于作为不进行公司重组（即进行公司价值清算）的债权人。

（5）合理估价的关键在于确立估值程序所需要实现的主要目标。这在决定困境公司合理价值时特别重要。

（6）在清算时，公司的经济价值即是其全部净资产出售收入的税后所得。这是一个扣除适用的应缴税的市场价值。

（7）要对重组公司估值，必须对重组计划下管理经营资产所产生的自由现金流（FCF）进行估值，然后用与自由现金流和重组过程中的新的资本结构加权平均资本成本将其折现。

（8）这个方法可以对公司营运资产产生一个估值。如果困境公司没有营运资产，而且营运重组计划没有给它们做任何预留，就必须作出恰当的调整（正面或者负面），以便包含源自上述的运营资产的价值。

（9）假使重组公司具有了经济可行性，下一个步骤就是决定股东的预期经济盈利性，这取决于公司的总价值和股东参股比例。

（10）重组的各种选择有助于我们理解重组的困难，即要实现各方参与者之间精妙的平衡，从而各方公平分担损失以拯救公司。

（11）最后，我们必须考虑股东们的经济性盈利问题，而不是会计上的盈利问题。

附录

附表 5.1

年份	2015	2016	2017	2018	2019
营业收入	600	630	662	695	729
营运支出	-360	-378	-397	-417	-438
毛利	240	252	265	278	292
开支	-120	-126	-132	-139	-146
贬值	-30	-32	-33	-35	-36
息税前利润	90	95	99	104	109
财务开支	-18	-26	-27	-25	-23
税前盈利	72	68	72	80	86
税收	-14	-14	-14	-16	-17
净收益	58	55	58	64	69

附表 5.2

	重组后最初的资本	2015	2016	2017	2018	2019
债务	300	437	449	409	382	350
抵押资产	307	344	383	428	480	542
企业价值	607	781	832	837	862	892
债务（%）	49	56	54	49	44	39

续表

	重组后最初的资本	2015	2016	2017	2018	2019
抵押资产（%）	51	44	46	51	56	61
企业价值（%）	100	100	100	100	100	100
负债成本（%）		6	6	6	6	6
无风险利率（%）		5	5	5	5	5
市场风险报酬率（%）		5	5	5	5	5
有负债时的权益β值	1.40	1.43	1.28	1.32	1.44	1.57
无负债时的权益β值		0.81	0.81	0.81	0.81	0.81
债务β值		0.20	0.20	0.20	0.20	0.20
有负债的股权成本（%）		12.1	11.4	11.6	12.2	12.8
加权资金成本（%）		8.5	7.7	7.9	8.6	9.3
折现因子		1.085	1.169	1.262	1.370	1.497
自由现金流现值		−113	8	48	34	33
总价值						892
总价值现值						596
总自由现金流现值		−113	8	48	34	629
企业价值	607					

Chapter Six

企业重组实例（一） **6**

6.1 引言

本章我们将介绍不同公司、不同行业及不同环境下的重组的现实案例。我们将试图分析这些公司资金匮乏的原因，以及为解决这一困境所采取的措施。

6.2 法玛萨公司重组案例

2009 财年末[①]，作为几个月前刚被任命为法玛萨公司总裁的甘德拉（Jose de la Gandara）判断，法玛萨公司正面临着一场关乎其未来生死存亡的危机。

从 2007 年开始的金融危机导致法玛萨公司的销售量和利润率大幅缩水，2007—2009 这三年公司都遭受损失。随着公司股东权益呈现亏损，有预测表明 2009 年年底公司将出现破产迹象。

甘德拉意识到，法玛萨公司除了销售的季节性影响反复带来的流动性问题外，公司还必须应对盈利下降及高财务杠杆和无力清偿到期债务所带来的财务压力。

甘德拉认为，"如果我们想渡过这次危机，就必须制订一份财务重组方案。要想继续指望金融机构的支持，我们能够提供什么？"

---

① 财务年度截至 4 月。

6.2.1　公司及所在行业的相关信息

法玛萨公司成立于1957年，并一度成为西班牙玩具行业的领军企业。该公司设计、开发并销售以下三种类型产品。

· 玩偶；

· 毛绒玩具；

· 电动汽车和户外玩具。

2007年因收购竞争对手菲贝尔公司（Feber），法玛萨公司才将电动汽车和户外玩具加入其最后一款产品组合。

西班牙当时的玩具行业具有不同寻常的特征。

（1）销售的高度季节性。全年销量的70%集中于第四季度（10～12月）。

（2）紧跟潮流趋势，设计是关键，公司每年度的产品更新率达30%～40%。

（3）每款产品都会投入超过一年的规划时间。每年9月，将会选出下一年度12月的样品和新产品。

（4）尽管产品销售具有高度的季节性，就生产成本和费用而言，公司运营活动相当有规律。这种情况带来了短期资金的峰值需求，而这些需求则由相匹配的债务融资填补。

2009年年底，法玛萨公司的经营遍布五十多个国家，在本土（西班牙）的销售量为50%。玩偶和毛绒玩具在中国制造，电动汽车和户外玩具由位于西班牙的阿利坎特（Alicante）市工厂制造。

法玛萨玩具伴随了几代西班牙人的成长。此外，该公司的几款产品还获得了全球性的认可（如Nenuco、Nancy和Barrigutas玩偶）。[①]

6.2.2　2009年公司状况

2009年年初，出于以下原因，法玛萨开始出现严重的资金流动性和高财务杠杆问题。

（1）2000年年初和2000—2010年发生了两次杠杆收购。

（2）2007年对竞争对手菲贝尔公司（以电动汽车和户外玩具为主打产品）的全部债务融资收购。

---

① 更多关于公司经营的信息，参见网站：www.famosa.es。

（3）大量的运营资本融资需求，而且具有高度的季节性

（4）信贷市场恶化，信用体系的流动性变得稀少。

（5）消费需求下降，市场和销售恶化。

附表 6.1 展示了法玛萨公司的财务会计信息。

在法玛萨公司总裁看来："2009 年初，法玛萨公司就处于一个相当不妙的情形。我们的财务杠杆几乎占净销售额的 90%，息税折旧摊销前利润明显不足。银行开始对我们不理不睬，我们季节销售高峰需要大量的现金需求时拒绝了我们的短期融资需求。如此环境下，丧失短期融资即意味着失败。"

管理层在分析研究了这一状况后，提出两种备选方案：

（1）启动破产程序，最终出现三种可能结果之一：协议破产，出售资产或清算。

（2）启动债务重组程序以平衡账目，为后续出售做准备。

在考虑各种方案后，高级管理层倾向于债务再融资方案。根据估计，一旦清算，公司只有少量的价值，而任何困境下的出售企图只会失败，或者给债权人和股东带来巨大的价值损失。

6.2.3　重组方案

作为法玛萨总裁，甘德拉负责协调管理层的债务重组运作，以期获得金融机构的支持，并促成公司在将来以合理价格出售。

到 2010 年年初，根据下述安排，甘德拉先生，已经勾勒出了债务重组的过程。

（1）短期融资需要约 1,100 万欧元，通过补充新资金约 1,100 万欧元来满足。新资金来自于超高级债务担保及成本。

（2）重新安排现有债务（约 1.1 亿欧元），将其中 3,250 万欧元转换为资本化的财团贷款（参与贷款）。

（3）设计一个新的融资结构，包括长期债券持有者激励机制。

成功的公司债务重组方案将带来资产负债表的变化，见表 6.1。

甘德拉认为，重组过程会使公司清算变得更没有理由，因为新的资本结构更符合行业标准（55% ~60% 的资产负债率）。

甘德拉同时明白，为了与金融机构达成协议，有必要提供一套确保实现企

业生存和盈利的可信方案，包括以可接受价格出售公司的合理期间。

债权银行愿意拯救法玛萨的条件是他们要被说服公司的运营价值远高于其清算价值。

在与管理层讨论后，甘德拉指出："保持贫困能帮到我们。我的意思是，债权银行这时清算法玛萨获益颇微，作为一家有着完整商业计划的公司，继续运营法玛萨的价值将高于清算价值。"

表 6.1　企业重组前后的资产负债表　　　　单位：百万欧元

	2009 年	调整率	2009 年项目融资
固定资产	96.3	0.0	96.3
净营运资本	12.1	0.0	12.3
现金及现金等价物	0.0	11.1	11.1
总资产	108.4	11.1	119.4
股东权益	-2.6	32.5	29.9
股权	-2.6	0.0	-2.6
资本化银团贷款（参与贷款）	0.0	32.5	32.5
长期和短期融资债务	110.2	-21.5	88.8
银团贷款	110.2	-32.5	77.7
新的有超级优先权的贷款	0.0	11.1	11.1
其他债务	0.8	0.0	0.8
负债及所有者权益总额	108.4	11.1	119.4

6.2.4　商业计划

2009 年的 4～6 月，法玛萨公司管理层基于公司新战略制订了一份商业计划，重点包括以下几点。

（1）法玛萨将从一个西班牙的出口公司转变成面向全球市场的跨国公司。

（2）重新设计和升级法玛萨历来最畅销的经典玩具，尤其是玩偶类，以实现销售增长。法玛萨将更新并重启其经典产品，排除与公司不具有历史关联性的玩具。

（3）玩偶和毛绒玩具的整个生产线将转移至中国，而电动汽车和户外玩具（菲贝尔公司）将由西班牙的阿利坎特的工厂继续生产。

（4）该方案同时将菲贝尔公司的系列产品受经济危机的影响较之法玛萨的

其他产品更为严重这一因素考虑在内。

法玛萨于 2009 年 7 月公布了新的商业计划。附表 6.2 总结了预计执行结果。

表 6.2 预测了未来几年所需的运营资金和固定资产的投资额。

基于公司 30% 的适用税率，管理层计算出新商业计划未来可生成的自由现金流。

6.2.5 出售公司的新方案

凭借其掌握的最新计算数据和预测结果，管理层于 2009 年 7 月寻求与金融机构进行谈判。谈判结果将会是取得与上述金融机构开展债务重组的合作，并创造更多维持公司经营的有利条件。

表 6.2　运营资本及资本支出的预期发展趋势　单位：百万欧元

年份	2010	2011	2012	2013	2014	2015	2016
资本支出	-5.7	-5.3	-5.1	-5.1	-5.2	-5.3	-5.0
营运资本投资	-0.1	-0.4	-0.5	-0.2	-0.3	-0.4	-0.4

以下是与三种类型债务相联系的财务费用。

· 新的超级债务信贷额度

· 银团贷款

· 资本化的银团贷款

公司出售之前，不会出现资本化的银团贷款摊销和利息资本化。银团贷款的资本化将会增加股东持股量。

甘德拉作为谈判代表，思考着如何拿出一套能够实现双赢的方案。最后他意识到，在最初的几年内全部自由现金流都应该用来清偿债务（包括财务费用和资本摊销）。

具体而言，甘德拉认为此次谈判应该聚焦以下议题。

（1）预期的自由现金流是否足够确保公司生存和盈利？

（2）自由现金流应用于何处？是否应该全部用于清偿债务？

（3）第六年（2016 年）年底最终成绩或者说销售价值是什么？

（4）作为新股东的金融机构应当获得何种利润？

在开始与银行谈判之前，甘德拉总结了法玛萨 2009 年 7 月的境况并指出：

"我们应该向银行提供充分合理的诉求，不应该因为损益账户的原因向银行俯首称臣，只有因为现金流，我们才会这样做"。

6.2.6　企业重组的相关评论

本案例有助于我们分析企业重组过程的主要特征，并讨论确保公司继续运营的方案。

为了达成新的融资协议，管理层必须制定出一项能够被接受的新战略，基于以下几点。

（1）国际化，全球化；

（2）聚焦现有产品和活动的更新换代；

（3）产品外包；

（4）建立更强的玩偶和玩具关联性。

简言之，法玛萨提出在聚焦传统产品、技术和知识的同时，进军新兴国际市场。

这一商业计划包含了保守估计的销售增长率（平均每年3.6%），通过削减成本以及提高生产效率拓宽利润空间，无须挤压必须的投资。

这一计划看似具有一贯性和彻底性。

附表6.3显示了在该商业计划下具体预估的自由现金流。

基于以上分析，在企业重组使公司得以继续运营，并能够满足其商业计划目标的情况下，我们认为，如果以2016年的会计价值出售公司，新股东（金融机构）的收益将超过14%。我们认为这是最低预期盈利的情况，因为合理的推断是，法玛萨公司在2016年会以合理价格善意出售。

很显然，为了避免清算并为新股东创造经济利益，公司必须生产出预期的自由现金流。即使在保守的环境下，即所有的自由现金流都用于偿还债务，合理估计，股东最低盈利能力仍将达到14%左右。当然也可能存在另一种情况，即总价值＝税息折旧及摊销前利润的5倍，这时能够实现23%以上的盈利。

6.3　挽救一个失败的项目融资：瑞德勒斯高速公路（Autopistas Radiales）公司案例

2009年第一季度末，一家在马德里经营收费公路的私营企业瑞德勒斯高速公路（Autopistas Radiales）公司，因收费公路的交通流量减少导致公司收入和营业利润下降。其财务总监马丁内斯（Osvaldo Martinez）正愈加不安地分析着这一问题。早在 2008 年，西班牙所有高速公路的交通流量缩减了 12%，与瑞德勒斯高速公路的经历如出一辙，而这一状况在 2009 年仍无改善迹象。马丁内斯发现这一颓势出乎意料。因为从传统上讲，交通流量变动与国内生产总值变动只有较低的关联度。相比之下，其他国家收费公路交通流量缩减的趋势要缓和得多。附录 6.4 提供了西班牙历年宏观经济状况的相关信息。

由于营业收入萎缩，瑞德勒斯高速公路公司无法产生足够的现金流以清偿债务。马丁内斯非常担心瑞德勒斯高速公路公司的财务状况，并总结道：

"金融机构希望就债务成本和摊销一览表进行再磋商，但现有股东正竭力避免债务条件的任何变动，项目需要经营和财务上的改善从而在经济上变得有利和可能。我很想知道瑞德勒斯高速公路公司面对生存危机，除了出售项目外，还有什么选择？"

6.3.1　瑞德勒斯高速公路公司重组项目

瑞德勒斯高速公路公司于 2004 年在马德里成立，目的是在获得西班牙中央政府 20 年的特许经营权下，建造和运营一条收费公路。该收费公路被用作通往马德里北部地区的另一条高速通道，尤其是在交通高峰时段（如周末和假期）。高速公路收费权由西班牙政府的特许经营合同加以确认。表 6.3 总结了该项目的主要特征。

瑞德勒斯高速公路公司的股东就是那些或参与该高速公路建设或参与其经营的私营企业，前者有乎多乐基础设施公司（Infraestructuras del Futuro）和康弗萨公司（Coinfrasa），后者有因弗维斯公司（Infravest）。

初始投资总额预计为 6000 万欧元左右，详细数据清单见表 6.4（以欧元为单位）。

初期项目融资采用暂时性的公司融资协议，由多家银行共同提供信贷额度。这部分融资于 2009 年年初转化为项目融资。简化的项目财务结构见表 6.5。

基于成立之初制订的商业计划的相关数据，公司在与多家银行进行了长期磋商之后获得了这笔融资。该融资协议于 2009 年进行修订。

表 6.3　高速公路项目的主要特征

基本细节	
特许经营权类型	高速公路
委托人	西班牙中央政府
期限	20 年 （2005 年起修建，2007 年起运营）
股权结构	
股东	持股比例（%）
乎多乐基础设施公司	40%
康弗萨公司	25%
因弗维斯公司	35%
基础技术特征：23 千米的高速公路	
基本建造细节	
建造方	乎多乐基础设施公司 30% ＋ 康弗萨公司 70%
土木工程投资额	51,568,352 欧元

表 6.4　初期投资总额

土木工程	总投资额（欧元）	折旧期限（税收目的）
土方工作、拆迁等	17,825,236	50
基础设施	26,252,632	50
引导标示等	3,693,558	18
设备更换	2,187,517	25
杂项、临时费用、健康和安全	1,609,409	20
土木工程投资总额	51,568,352	
交通管控设施	1,804,260	18
控制和警戒设施	1,122,000	35
资本化的开办费	1,260,528	20

土木工程	总投资额（欧元）	折旧期限（税收目的）
征收	4,366,033	20
初始建造投资总额	60,121,172	

注：所有费用总额均未算入增值税。

资料来源：瑞德勒斯高速公路公司。

表 6.5　财务结构的相关信息　　　　单位：百万欧元

融资类型	项目融资	
金融机构	银行投资	
结构	金额	%百分比
股权	12.00	16%
次级债务	15.00	20%
优先债务①	45.00	59%
增值税抵税额	3.75	5%
总计	75.75②	100%

6.3.2　初期商业计划

马丁内斯在初期商业计划的制订中扮演了重要角色，该计划包括对高速公路建造和运营相关操作和财务方面的预估。附表 6.5 是投资及相关折旧费用预估一览表。

正如附表 6.6 所示，在设定时间框架之内的自由现金流数据总结了与这些投资相关的运营预测数据。

表 6.6 是 2026 年项目清算时与投资相关的自由现金流。

表 6.7 总结了项目融资的财务成本信息。

附表 6.7 给出了不同时段的预期一览。

最后，表 6.8 总结了附表 6.5、附表 6.6 和附表 6.7 中的某些重点。

---

① 注：该数据是为满足投资相关采购所产生的增值税而提供的短期信贷融资。

② 该数据是融资需求总额，在计划第一年建立，用于为总投资（60），增值税（3.75）和股权（12）融资。

　　主合同条款规定了贷款拔付的条件，即在该项目的整个生命周期里平均债务偿付比率保持在1.5以上。该项目营运的第二年（2008年），债务偿付比率须达到1以上[①]。债务偿付比率是指自由现金流量与债务清偿总额（包括利息和相关费用）之间的比例。

　　根据初期商业计划，该项目的理论回报率（自由现金流的内部收益率）为7.18%，股东回报率（股东自由现金流的内部收益率）为8.09%[②]。

表6.6　项目清算的预期价值　　　　　　　　单位：欧元

2026年总的账面价值	60,121,172
2026年的累积折旧价值	33,915,750
2026年的净账面价值	26,205,422
预期清算价值	15,000,000
超额利润	− 11,205,422
节税	3,921,898
与清算相关的自由现金流	18,921,898

资料来源：瑞德勒斯高速公路公司。

表6.7　融资总额和融资成本　　　　　　　　单位：欧元

相关融资额	
增值税抵税额	3,750,000
成本	5%
次级债务	15,000,000
成本	10%
优先债务	45,000,000
成本	6%

资料来源：瑞德勒斯高速公路公司。

---

　　①　根据最初的经营计划，在违背该条件情况下的任何年份，与所需现金流总量相等的一个储备基金会被事先准备好。基金来自于股东的追加资本。

　　②　这些理论上的收益依赖于没有法律限制的假定。这意味着所有流入的自由现金流将会在股东间自由地分配，采用股息或其他形式来补偿股东（例如，股权回购，发行没有附带条件的新资本，等等）。在西班牙，法律上对储备资本率有限制。根据这个法律限制，累积的损失不能超过近两年的资本的2/3。如果出现这种情况的话，股东的自由现金流将不能自由分配，并且可能会被要求注入资本来确保该比率的维持。更多的信息，参见www.bde.es/webbde/er/estadis/infoest/a1901.pdf。

表 6.8　瑞德勒斯高速公路公司商业计划的经济特征

2004—2006 年预期负现金流	584 亿欧元
预期支付款项偿还期限	13 年
2004—2013 年预期股东负现金流	183 亿欧元

2004 年西班牙的无风险利率为 2.00% 左右，2009 年为 3.00%。详见附表 6.4。

6.3.3　2009 年公司的状况

2009 年春末，瑞德勒斯高速公路公司财务总监马丁内斯意识到，当前环境已非常不同于建设之初的预想，因此，中止最初投融资计划就显得尤为重要。

由于 2007 年的全球金融危机，公司的营业收入出现下降，这严重威胁到该项目的生存。2008 年之前，项目运作的实际数据与初期商业计划的预想基本吻合。尽管与投资计划有所偏差，但项目总体是在按期执行。2008 年主要问题自开始出现了，收入增长比预期下降了 12%，而且预期这一颓势在 2013 年以前没有好转。

2009 年年初，在考虑了收入预期下降这一因素后，该公司对最初的商业计划进行了修改，详见表 6.9。

2013—2026 年预计营业收入与最初的商业计划预测不变，最初制订的融资方案也保持不变，在这种情况下项目回报率将下跌至 7.02%，股东回报率将下跌至 7.62%（详见附表 6.8）。

正如股东自由现金流预测一览表中总结的，股东回报率的下跌源于为确保项目生存所需的新的资金投入。

马丁内斯认为这一新形势从基础上来讲是不可持续的。如今该项目需要追加投资 200 万欧元，而现有股东拒绝为该项目成本的全部再融资埋单。另外，基于该项目日益凸显的风险考虑，金融机构需要就融资成本和期限问题进行再磋商。

马丁内斯认为需要改善项目运营和融资状况，以维持该项目的生存和最低回报率。

表 6.9　修订后的商业计划

修订后的商业计划	2008 年	2009 年	2010 年	2011 年	2012 年
营业收入减少幅度	12%	10%	6%	4%	2%

6.3.4　一个可行的解决方案

在 2009 年 5 月 15 日召开的会议上，马丁内斯制订了一项提案，随后瑞德勒斯高速公路公司董事会同意启动公司出售。作为财务总监兼董事会成员，马丁内斯了解到瑞德勒斯高速公路公司的原始投资人有意向以合理价格退出其投资。董事会委托马丁内斯对公司出售的合理价格进行分析。

由于公司出售价格的合理性取决于个人观点（卖方或买方的），马丁内斯决定首先设立最低价格，即 2009 年年末必须出售公司，从而现有股东能从修订后的商业计划中获益 7.62% 的价格。

正如附表 6.9 所示，马丁内斯计算分析得出，最低价格意味着公司的估值最多为 7,000 万欧元，相应的负债为 5,100 万欧元（包括 2009 年的次级债务和优先债务）。

从买方立场出发，公司售价是否具有吸引力取决于新商业计划，该计划引入了对公司运营和财务方面的一系列改进。

马丁内斯在深刻分析了公司价值创造的各种可能性之后，将新商业计划总结为以下几点内容。

（1）运营方面

收入要反映营业收入的下降，详见表 6.7。

制订一系列运营改进方案，以期实现运营成本在 2010 年减少 10%，2011 年减少 5%，2012 年到项目结束减少 2%。

适用税率 35%。

（2）财务方面

重新安排债务，确定截至 2012 年的 10 年还款期限，包括 2010 年、2011 年两年宽限期。

由于公司获得额外的公共部门担保，从而使新债在成本和偿还方面享受优惠条件。由于高速公路为公共服务项目，公司取得了西班牙工业部门的政府担保，在未来五年里，如果有必要，工业部将为瑞德勒斯高速公路公司提供补贴，以确保自由现金流与总债务清偿比例不低于1。

设定6%的债务利率。

作为瑞德勒斯高速公路公司的财务总监，马丁内斯意识到在2009年春末的西班牙（以及其他欧元区）主流经济环境下，完成公司出售可谓是困难重重，其中最大的挑战在于能否找到对双方均合理的出售价格。

如果公司出售方案被证实不可行，马丁内斯想要知道还有什么选择可以使公司在经济危机的冲击下幸免于难。

很难找到使当前股东满意的解决方案……因为股东既想离开公司，又想减轻或避免损失。

6.3.5　该方案的评论意见

瑞德勒斯高速公路公司案例介绍了2004年开始的项目融资，2009年经济危机中的困境，以及最初预期现金流的落空。本案例提供了一个非常好的机会来讨论项目融资失败后的应对，分析了确保项目生存和盈利的各种途径。

具体来说，可以采取以下措施。

·从财务角度分析项目融资的基本特征；

·开展项目融资的财务分析，检讨各种法律约束；

·分析初始条件变化后引起的投资预期回报率变化；

·讨论在经济危机背景下维持项目生存和盈利的其他备选方案。

事后看2004年开始的这个项目，再看2009年的情况，整个投资决定的想法可能会被认为完全不现实，但是事情已过，当事后诸葛人人都很在行。

2004年项目最初确立时，这是一个特殊背景下的项目融资：经济蓬勃发展，流动资金充足，市场利率呈负值（2002—2004年，西班牙市场利率为2%～2.8%，而通货膨胀率为3%～3.6%）。

本案例令人感兴趣的一点是，在一个异常的经济与金融环境（2004年的西班牙）下，却采用通常标准的方法分析项目融资。

与此同时，金融机构对项目的兴趣是因为公共（政府）机构的特许权，即提供的隐性担保，从而在理论上降低了经营风险。私人股东感兴趣，是因为他们既作为项目建设的供应商、开发商和运营商获益，又从随后的股本回报中获益。

蓬勃发展的经济环境，不可持续的市场低利率，众多金融机构因为拥有大量的流动资金而乐意投资，以及低估的项目运营风险（收入和经营收益下降），这众多因素促成一份乐观的初期商业计划，而且没有未来情形并非乐观的 B 计划。

要分析在 2009 年中的各种可备选方案，有必要去了解这一问题的规模。

假设金融机构不撤资，对最初商业计划和修改后的商业计划产生的股东自由现金流进行对比，我们就可以估算出因经济危机股东所面临的新资本需求量。

表 6.10 展示了由于法律原因对股息分配未加限制时的通常情况。

表 6.10　2009 年该项目累计融资需求量　　　　　单位：欧元

年份	2004	2005	2006	2007	2008	2009
按原商业计划属股东的自由现金流	− 6，526，811	− 5，473，190	6，608，697	− 3，224，545	− 2，773，872	− 2，325，235
按修订的商业计划属股东自由现金流	− 6，526，811	− 5，473，190	6，608，697	− 3，224，545	− 3，399，053	− 2，872，485
新的融资需求量	0	0	0	0	− 625，181	− 547，250
累计融资需求量					− 625，181	− 1，172，431

年份	2010	2011	2012	2013	2014
按原商业计划属股东的自由现金流	− 1，848，904	− 1，358，443	− 867，524	− 403，726	1，443，075
按修订的商业计划属股东自由现金流	− 2，194，748	− 1，601，284	− 995，118	− 403，726	1，443，075
新的融资需求量	− 345，844	− 242，841	− 127，594	0	0
累计融资需求量	− 1，518，275	− 1，761，116	− 1，888，710	− 1，888，710	− 1，888，710

除了将近 200 万欧元的额外资金需求外，金融机构从成本还是期限上收紧流动性带来的流动资金损失，也需要加以考虑。

如果对比现金流，同时考虑到股息分配的法律限制，190 万欧元将转化为 220 万欧元。

单位：欧元

年份	2004	2005	2006	2007	2008	2009	2010—2011	2012
累计新融资需求	0	0	0	0	− 141,901	− 172,431	− 172,431	− 2,171,431

简言之，瑞德勒斯高速公路公司的现有股东面临着 120 万欧元的短期流动性短缺问题，而银行还想要对银团贷款的成本和偿还期限进行再磋商。

在这样的背景下，要想维持项目，就需要与银行协议贷款，同时需要注入资金，如果不行，就只有出售项目。

假设公司的新经营者能够执行新商业计划（案例中有详述），将得到 6.78% 的经济回报（股东预期自由现金流的内部收益率）。

考虑到相关风险，该盈利明显不足。2009 年的零风险利率为 3.00%，买方或卖方的预期资本成本为 9% 左右，假设市场溢价为 4.00%，测试系数为 1.5。

对于新股东来说，即使其参与项目建设或作为建筑材料供应商，也不可能因此而额外获益。考虑到获得预期自由现金流的法律限制，有必要调整回报率。

因此，现有股东必须认识到出售项目的唯一办法是要接受非常低的退出回报。

表 6.11 显示了最终出售瑞德勒斯高速公路公司以及买卖双方经济回报的价值敏感性分析。正如我们所看到的，如果卖方想要保持 7.62% 的回报率，股权价格应为 1,878 万欧元，而买方预期回报率仅为 6.78%。买方要获得 12% 的最低合理回报率，股权交易价应为 810 万欧元，而卖方则要承担负收益率。

表 6.11　买卖双方的销售价格与经济收益之间的关系

股权价值	卖方收益率	买方收益率	股权价值/息税折旧摊销前利润
18,789,460	7.62%	6.78%	483
15,700,000	1.77%	7.91%	404
8,100,000	负的	12.04%	208
14,900,000	0.03%	8.23%	383

价格谈判的另一个影响因素可能是交易中公认的商誉。2009 年年末股权的

账面价值大约为 930 万欧元，如果买方接受的价格高于这一数额，则表示认可股权的经济价值超过其账面价值。

问题是，卖方（现有股东）在可能的交易中拥有何种讨价还价的能力？

显然议价权掌握在潜在买方（新股东）手中，因为只有他们（最终）能实施公司新计划。法定情形（下文将进行介绍）下，卖方将不得不进行快速出售（大约按每股与息税折旧摊销前利润比例的 2.5 倍，股权会计价值的 2.5 倍左右出售）。这考虑了公司当时面临的法律困境（下文介绍）。

马丁内斯应该向现有股东阐明当前的情况，2009 年以股权会计价值出售是一个非常不错的退出，因为买方极有可能出更低价。

从这一角度来看，马丁内斯还应当考虑现有股东是否有备选方案，以代替瑞德勒斯高速公路公司的最终出售。当然，这些备选方案还得取决于瑞德勒斯高速公路公司的现状和预测的前景。

2009 年情况明朗化了，公司股东权益的会计价值变为负值。如果不出售公司，为避免法定清算，需要增加投资 1,100 万欧元。金融机构只有相信公司重组价值高于清算价值的情况，才会为公司提供援助。由于现有股东无法启动重组程序，清算程序似乎是他们唯一的选择。

或许，考虑到瑞德勒斯高速公路公司所提供服务的公共性质，现有股东也可以向政府寻求资金援助。

那么究竟发生了什么呢？

经过长时间的磋商，马丁内斯及其出售团队仍然无法与最终买家就瑞德勒斯高速公路公司的价格达成一致。由于西班牙政府以担保形式提供支持，瑞德勒斯高速公路公司得以在 2009 年年末进行项目重组，并获得了一份 1,000 万欧元的过桥贷款，从而避免了清算。

随着西班牙 2010—2012 年经济形势更为消极，瑞德勒斯高速公路公司在接受了西班牙政府的一笔额外补助之后，于 2013 年年初成为西班牙政府有史以来第一个出手相助的项目融资。

附录

附表 6.1　法玛萨会计信息　　　　单位：百万欧元

年份	2008	2009
营业收入	167.4	162.3
商业折扣	−22.1	−24.3
净销售额	145.3	137.9
销售成本	−61.2	−60.2
毛利润	84.1	77.8
其他营业收入	0.8	0.0
资本化费用	9.2	5.7
可变营运费用	−25.6	−27.7
特许使用权费	−6.1	−7.0
佣金	−0.9	−1.0
营销和开发费用	−11.1	−12.4
交通费	−7.5	−7.4
可变利润	68.5	55.7
固定营运费用	−46.3	−41.2
人事费用	−29.1	−25.1
研究与开发支出	−0.5	0.0
租赁费	−4.0	−4.9
维修费用	−2.1	−0.3
一般服务费用	−1.3	−2.4
材料费	−3.9	−3.1
其他服务费	−4.1	−4.0
其他固定费用	−1.3	−1.4
息税折旧及摊销前利润	22.2	14.6
折旧与摊销费用	−19.8	−13.6
息税前利润	2.4	1.0

附表6.2　法玛萨预估运营结果　　　　单位：百万欧元

年份	2010	2011	2012	2013	2014	2015	2016
营业收入	164.0	173.3	186.7	190.4	196.2	202.0	208..1
商业折扣	-22.3	-22.3	-24.0	-24.5	-25.2	-26.0	-26.8
净销售额	141.6	151.0	162.7	165.9	170.9	176.1	181.3
销售成本	-57.6	-64.1	-73.0	-74.4	-76.6	-78.9	-81.3
毛利润	84.0	86.9	89.7	91.5	94.3	97.1	100.0
其他营业收入	0.2	0.2	0.2	0.2	0.2	0.2	0.2
资本化费用	5.2	5.2	5.3	5.3	5.3	5.3	5.0
可变营运费用	-27.8	-28.2	-29.6	-30.0	-30.6	-31.3	-32.0
特许使用权费	-7.2	-6.3	-6.5	-6.5	-6.5	-6.5	-6.5
佣金	-1.2	-1.4	-1.6	-1.6	-1.6	-1.6	-1.6
营销和开发费用	-12.7	-13.4	-13.7	-14.0	-14.4	-14.9	-15.3
交通费	-6.6	-7.1	-7.7	-7.9	-8.1	-8.3	-8.6
可变利润	61.6	64.1	65.6	67.0	69.1	71.3	73.2
固定营运费用	-42.9	-42.8	-42.7	-43.1	-43.6	-44.0	-44.5
人事费用	-26.4	-25.5	-25.7	-25.9	-26.2	-26.5	-26.8
研究与开发支出	0.0	0.0	0.0	0.0	0.0	0.0	0.0
租赁费	-4.8	-5.0	-3.7	-3.8	-3.8	-3.9	-3.9
修理和维修费用	-0.3	-0.3	-0.3	-0.3	-0.3	-0.3	-0.3
一般服务费用	-2.8	-3.3	-3.9	-4.0	-4.0	-4.1	-4.1
材料费	-3.2	-3.1	-3.3	-3.3	-3.3	-3.4	-3.4
其他服务费	-3.9	-4.0	-4.1	-4.1	-4.2	-4.2	-4.3
其他固定费用	-1.6	-1.6	-1.6	-1.6	-1.6	-1.7	-1.7
息税折旧及摊销前利润	18.6	21.2	23.0	23.9	25.5	27.2	28.8
折旧与摊销费用	-14.4	-14.4	-14.4	-5.1	-5.6	-6.2	-6.7
息税前利润	4.3	6.9	8.6	18.8	20.0	21.1	22.1

附表6.3　法玛萨商业计划相关的预估自由现金流

单位：百万欧元

年份	2010	2011	2012	2013	2014	2015	2016
息税前盈余	4.3	6.9	8.6	18.8	20.0	21.1	22.1
息税前收入课税	0.0	0.0	0.0	−2.7	−6.0	−6.3	−6.6
息前税后利润	4.3	6.9	8.6	16.0	14.0	14.7	15.4
折旧与摊销	14.4	14.4	14.4	5.1	5.6	6.2	6.7
营运盈亏产生的现金流	18.6	21.2	23.1	21.2	19.6	20.9	22.1
运营资本形成的自由现金流	−0.1	−0.4	−0.5	−0.2	−0.3	−0.4	−0.4
资本支出形成的自由现金流	−5.7	−5.3	−5.1	−5.1	−5.2	−5.3	−5.0
自由现金流总额	12.8	15.5	17.3	15.8	14.0	15.3	16.8

为了预测生成足以清偿债务利息的自由现金流的可能性，我们必须使用能够用来估计瑞德勒斯高速公路公司在2010—2016年偿债能力的相关信息。

假设所有的自由现金流都将用于清偿债务，并且超级优先债务先于银团贷款而被分期偿还，我们将得出以下数据。

预估债务偿还率

单位：百万欧元

年份	2010	2011	2012	2013	2014	2015	2016
总的债务组合							
初期债务	77.7	77.7	77.7	75.4	68.6	61.9	53.5
债务本金摊销	0.0	0.0	−2.3	−6.8	−6.7	−8.4	−10.6
债务本金余额	77.7	77.7	75.4	68.6	61.9	53.5	43.0
财务费用	−5.1	−5.1	−5.1	−4.9	−4.5	−4.0	−3.5
新的超级优先信贷额度							
初期债务	11.1	9.2	4.5	0.0	0.0	0.0	0.0
债务本金摊销	−1.9	−4.7	−4.5	0.0	0.0	0.0	0.0
债务本金余额	9.2	4.5	0.0	0.0	0.0	0.0	0.0
财务费用	−0.7	−0.6	−0.3	0.0	0.0	0.0	0.0
现金财务费用总额	−5.8	−5.6	−5.3	−4.9	−4.5	−4.0	−3.5

续表

年份	2010	2011	2012	2013	2014	2015	2016
资本化的银团贷款							
初期债务资本化	32.5	35.1	37.9	40.9	44.2	47.8	51.6
债务本金摊销	0.0	0.0	0.0	0.0	0.0	0.0	0.0
资本化债务本金余额	35.1	37.9	40.9	44.2	47.8	51.6	55.7
财务费用资本化	−2.6	−2.8	−3.0	−3.3	−3.5	−3.8	−4.1
财务费用总额	−8.4	−8.5	−8.4	−8.2	−8.0	−7.8	−7.6

基于以上预估数据，可以预测股东的预期自由现金流

单位：百万欧元

年份	2010	2011	2012	2013	2014	2015	2016
总自由现金流	12.8	15.5	17.3	15.8	14.0	15.3	16.8
财务费用＊（1−t）	−8.4	−8.5	−8.4	−7.0	−5.6	−5.5	−5.3
资本化的财务费用	2.6	2.8	3.0	3.3	3.5	3.8	4.1
资本化的支出	−5.2	−5.2	−5.3	−5.3	−5.3	−5.3	−5.0
债务本金摊销总额	1.9	4.7	6.7	6.8	6.7	8.4	10.6
股东自由现金流	0.0	0.0	0.0	0.0	0.0	0.0	0.0

附表6.4 西班牙历年经济态势概览   单位:%

年份	国内生产总值增长率	失业率	通货膨胀率	利率
2002	2.7	11.3	3.6	2.75
2003	3.0	11.1	3.1	2.0
2004	3.2	10.6	3.1	2.0
2005	3.5	9.2	3.4	2.3
2006	4.0	9.8	3.6	3.5
2007	3.6	8.4	2.8	4.0
2008	0.9	11.4	4.1	2.5
2009	−3.7	18.0	−0.2	3.0

资料来源：http://www.bde.es/f/webbde/SES/Secciones/Publicationes/InformesBoletinesRevistas/BoletinEconomico/Dic/Fich/Indica.pdf.

附表 6.5 瑞德勒斯高速公路公司投资和折旧预测

单位：百万欧元

年份	2004	2005	2006	2007	2008	2009	2010
资本支出变化							
资本化初期费用	1,260,528						
征地	4,366,033						
土方作业，拆迁等		17,825,236					
基础设施		26,252,632					
引导标示设备更换			3,693,558				
服务设施更换			2,187,517				
安全保健等设施			1,609,409				
交通管制设备安装				1,804,260			
管理与警戒				1,122,000			
未计税资本支出总额	5,626,561	44,077,868	7,490,484	2,926,260	0	0	0
增值税支持	900,250	7,052,459	1,198,477				
增值税补偿		-900,250	-7,052,459	-1,198,477			
计税资本支出总额	6,526,811	50,230,077	1,636,502	1,727,783	0	0	0
预期折旧费							
初期费用及征收折旧费		1,125,312	1,125,312	1,125,312	1,125,312	1,125,312	1,125,312
土方作业及基础设施折旧费			881,557	881,557	881,557	881,557	881,557
引导标示及设备更换折旧费				453,639	453,639	453,639	453,639
安装及管制折旧费					132,294	132,294	132,294
总折旧费		1,125,312	2,006,870	2,460,509	2,592,803	2,592,803	1,467,490

续表

年份	2011	2012	2013	2014	2015	2016	2017
资本支出变化							
资本化初期费用							
征地							
土方作业，拆迁等							
基础设施							
引导标示设备更换							
服务设施更换							
安全保健等设施							
交通管制设备安装							
管控与警戒							
未计税资本支出总额	0	0	0	0	0	0	0
增值税支持							
增值税补偿							
计税资本支出总额	0	0	0	0	0	0	0
预期折旧费	0	0	0	0	0	0	0
初期费用及征收折旧费	0	0	0	0	0	0	0
土方作业及基础设施折旧费	881,557	881,557	881,557	881,557	881,557	881,557	881,557
引导标示及设备更换折旧费	453,639	453,639	453,639	453,639	453,639	453,639	453,639
安装及管控折旧费	132,294	132,294	132,294	132,294	132,294	132,294	132,294
总折旧费	1,467,490	1,467,490	1,467,490	1,467,490	1,467,490	1,467,490	1,467,490

续表

年份	2018	2019	2020	2021	2022	2023	2024	2025
资本支出变化								
初期费用资本化								
征地								
土方作业，拆迁等								
基础设施								
服务设施更新								
引导标示设备更换								
安全保健等设施								
交通管制设备安装								
管控与警戒								
未计税资本支出总额	0	0	0	0	0	0	0	0
增值税支持								
增值税补偿								
计税资本支出总额	0	0	0	0	0	0	0	0
预期折旧费								
初期费用及征收折旧费	0	0	0	0	0	0	0	0
土方作业及基础设施折旧费	881,557	881,557	881,557	881,557	881,557	881,557	881,557	881,557
引导标示及设备更换折旧费	453,639	453,693	453,639	453,639	453,639	453,639	453,639	453,639
安装及管控折旧费	132,294	132,294	132,294	132,294	132,294	132,294	132,294	132,294
总折旧费	1,467,490	1,467,490	1,467,490	1,467,490	1,467,490	1,467,490	1,467,490	1,467,490

资料来源：初始商业计划，数额为估计。

附表6.6　瑞德勒斯高速公路公司项目相关自由现金流预估

单位：欧元

年份	2004	2005	2006	2007	2008	2009	2010
营业收入				2,479,476	5,209,838	5,472,505	5,764,072
人事费用				310,483	612,671	635,952	660,118
外部服务及其他费用				20,384	39,913	4,110	42,344
维护费用				162,572	318,327	327,877	337,713
全部运营费用（未计税）				493,439	970,911	1,004,940	1,040,175
运营税				32,800	32,800	32,800	32,800
总运营费				526,239	1,003,711	1,037,740	1,072,975
息税折旧摊销前利润				1,953,237	4,206,128	4,424,765	4,691,096
折旧费用		-1,125,312	-2,006,870	-2,460,509	-2,592,803	-2,592,803	-1,467,490
息税前利润		-1,125,312	-2,006,870	-507,271	1,613,325	1,841,962	3,223,606
税费		0	0	0	0	0	0
息前税后盈余		-1,125,312	-2,006,870	-507,271	1,613,325	1,841,962	3,223,606
折旧		1,125,312	2,006,870	2,480,509	2,592,803	2,592,803	1,467,490
经营性自由现金流		0	0	1,953,237	4,206,128	4,434,765	4,691,096
资本支出性自由现金流	-6,526,811	-50,230,077	-1,636,502	-1,727,783	0	0	0
总自由现金流	-6,526,811	-50,230,077	-1,636,502	225,455	4,206,128	4,434,765	4,691,098

续表

年份	2011	2012	2013	2014	2015	2016	2017	2018
营业收入	6,071,018	6,379,719	6,662,641	8,329,954	8,721,594	9,155,216	9,562,081	10,012,463
人事费用	685,203	711,241	738,268	766,322	795,442	825,669	857,044	889,612
外部服务及其他费用	43,614	44,922	46,270	47,658	49,088	50,560	52,077	53,640
维护费用	347,845	358,280	289,029	380,099	391,502	403,248	415,345	427,805
全部运营费用（未计税）	1,076,662	1,114,443	1,153,566	1,194,079	1,236,032	1,279,477	1,324,466	1,371,057
运营税	32,800	32,800	32,800	32,800	32,800	32,800	32,800	32,800
总运营费	1,109,462	1,147,243	1,186,366	1,226,879	1,268,832	1,312,277	1,357,266	1,403,857
息税折旧摊销前利润	4,961,557	5,232,476	5,476,274	7,103,075	7,452,762	7,842,939	8,204,815	8,608,606
折旧费用	-1,467,490	-1,467,490	-1,467,490	-1,467,490	-1,467,490	-1,467,490	-1,306,549	-1,306,549
息税前利润	3,494,066	3,764,985	4,008,784	5,635,584	5,985,271	6,375,449	6,898,265	7,302,057
税费	0	0	0	0	0	0	-193,818	-2,555,720
息前税后盈余	3,494,066	3,764,985	4,008,784	5,635,584	5,985,271	6,375,449	5,984,447	4,746,337
折旧	1,467,490	1,467,490	1,467,490	1,467,490	146,749	1,467,490	1,306,549	1,306,549
经营性自由现金流	4,961,557	5,232,476	5,476,274	7,103,075	7,452,762	7,842,939	7,290,997	6,052,886
资本支出性自由现金流	0	0	0	0	0	0	0	0
总自由现金流	4,981,557	5,232,476	5,476,274	7,103,075	7,452,762	7,842,939	7,290,997	6,052,886

续表

年份	2019	2020	2021	2022	2023	2024	2025	2026
营业收入	10,484,230	11,006,218	11,495,995	12,038,064	12,606,717	13,235,917	13,749,684	14,162,175
人事费用	923,417	958,507	994,930	1,032,738	1,071,982	1,112,717	1,155,000	1,198,890
外部服务及其他费用	55,249	56,906	58,613	60,372	62,183	64,048	65,970	67,949
维护费用	440,639	453,859	467,474	481,499	495,944	510,822	526,147	541,931
全部运营费用（未计税）	1,419,305	1,469,272	1,521,018	1,574,608	1,630,108	1,687,587	1,747,117	1,808,770
运营税	32,800	32,800	32,800	32,800	32,800	32,800	32,800	32,800
总运营费	1,452,105	1,502,272	1,553,818	1,607,408	1,662,908	1,720,387	1,779,917	1,841,570
息税折旧摊销前利润	9,032,124	9,504,146	9,942,177	10,430,656	10,943,808	11,515,530	11,969,767	12,320,604
折旧费用	-1,306,549	-1,306,549	-1,306,549	-1,306,549	-1,306,549	-1,306,549	-1,306,313	-1,206,313
息税前利润	7,725,575	8,197,597	8,635,628	9,124,107	9,637,259	10,208,980	10,763,455	11,114,292
税费	-2,703,951	-2,869,159	-3,022,470	-3,193,437	-3,373,041	-3,573,143	-3,767,209	-3,890,002
息税前税后盈余	5,021,624	5,328,438	5,613,158	5,930,669	6,264,218	6,635,837	6,996,245	7,224,290
折旧	1,306,549	1,306,549	1,306,549	1,306,549	1,306,549	1,306,549	1,206,313	1,206,313
经营性自由现金流	6,328,173	6,634,987	6,919,708	7,237,219	7,570,768	7,942,387	8,202,558	8,430,602
资本支出性自由现金流	0	0	0	0	0	0	0	18,921,898
总自由现金流	6,328,173	6,634,987	6,919,708	7,237,219	7,570,768	7,942,387	8,202,558	27,382,500

资料来源：（估计的）初期商业计划。

附表 6.7　瑞德塞斯高速公路公司债务清偿预估

单位：欧元

年份	2004	2005	2006	2007	2008	2009	2010	2011	2012	2013	2014
总自由现金流	-6,526,811	-50,230,077	-1,636,502	225,455	4,206,128	4,434,765	4,691,096	4,961,557	5,232,476	5,476,274	7,103,075
增值税抵税额	0	3,750,000	-3,750,000								
财务费＊(1-t)		0	187,500								
次级债务	0	15,000,000	15,000,000	14,000,000	13,000,000	12,000,000	11,000,000	10,000,000	9,000,000	8,000,000	7,000,000
财务费＊(1-t)			-1,500,000	-1,500,000	-1,400,000	-1,300,000	-1,200,000	-1,100,000	-1,000,000	-900,000	-800,000
优先债务		26,006,887	45,000,000	43,000,000	41,000,000	39,000,000	37,000,000	35,000,000	33,000,000	31,000,000	29,000,000
财务费＊(1-t)			-1,560,413	-2,700,000	-2,580,000	-2,460,000	-2,340,000	-2,220,000	-2,100,000	-1,980,000	-1,860,000
新信贷/偿债	0	44,756,887	11,493,113	750,000	-3,000,000	-3,000,000	-3,000,000	-3,000,000	-3,000,000	-3,000,000	-3,000,000
股东自由现金流	-6,526,811	-5,473,190	6,608,697	-3,224,545	-2,773,872	-2,325,235	1,848,904	-1,358,443	-867,524	-403,726	-1,443,075

年份	2015	2016	2017	2018	2019	2020	2021	2022	2023	2024	2025	2026
总自由现金流	7,452,762	7,842,939	7,290,997	6,052,886	6,328,173	6,634,987	6,919,708	7,238,219	7,570,768	7,942,387	8,202,557	27,352,500
增值税抵税额												
财务费＊(1-t)												
次级债务	6,000,000	5,000,000	4,000,000	3,000,000	2,000,000	1,000,000	0	0	0	0	0	0
财务费＊(1-t)	-700,000	-600,000	-433,765	-260,000	-195,000	-130,000	-65,000	0	0	0	0	0
优先债务	27,000,000	25,000,000	23,000,000	21,000,000	19,000,000	17,000,000	15,000,000	13,000,000	11,000,000	9,000,000	7,000,000	0
财务费＊(1-t)	-1,740,000	-1,620,000	-1,301,294	-897,000	-819,000	-741,000	-663,000	-585,000	-507,000	-429,000	-351,000	-273,000
新信贷/偿债	-3,000,000	-3,000,000	-3,000,000	-3,000,000	-3,000,000	-3,000,000	-3,000,000	-2,000,000	-2,000,000	-2,000,000	-2,000,000	-7,000,000
股东自由现金流	2,012,762	2,622,939	2,555,938	1,895,886	2,314,173	2,763,987	3,191,708	4,652,219	5,063,768	5,513,387	5,851,558	20,079,500

注：如上所述，在2008年，以及股东自由现金流量预期为负值的年份里，股东将需要支付储备金。

附表 6.8 根据修正的商业计划预估的项目自由现金流和股东自由现金流

单位：欧元

年份	2004	2005	2006	2007	2008	2009	2010	2011	2012	2013	2014
总自由现金流	-6,526,811	-50,230,077	-1,636,502	225,455	4,206,128	4,434,765	4,691,096	4,961,557	5,232,476	5,476,274	7,103,075
增值税抵税额	0	3,750,000	-3,750,000								
财务费*(1-t)		0	187,500								
次级债务	0	15,000,000	15,000,000	14,000,000	13,000,000	12,000,000	11,000,000	10,000,000	9,000,000	8,000,000	7,000,000
财务费*(1-t)			-1,500,000	-1,500,000	-1,400,000	-1,300,000	-1,200,000	-1,100,000	-1,000,000	-900,000	-800,000
优先债务		26,006,887	45,000,000	43,000,000	41,000,000	39,000,000	37,000,000	35,000,000	33,000,000	31,000,000	29,000,000
财务费*(1-t)			-1,560,413	-2,700,000	-2,580,000	-2,460,000	-2,340,000	-2,220,000	-2,100,000	-1,980,000	-1,860,000
新借贷/偿债	0	44,756,887	11,493,113	750,000	-3,000,000	-3,000,000	-3,000,000	-3,000,000	-3,000,000	-3,000,000	-3,000,000
股东自由现金流	-6,526,811	-5,473,190	6,608,697	-3,224,545	-2,773,872	-2,325,235	1,848,904	-1,358,443	-867,524	-403,726	-1,443,075

年份	2015	2016	2017	2018	2019	2020	2021	2022	2023	2024	2025	2026
总自由现金流	7,452,762	7,842,939	7,290,997	6,052,886	6,328,173	6,634,987	6,919,708	7,238,219	7,570,768	7,942,387	8,202,557	27,352,500
增值税抵税额												
财务费*(1-t)							0	0	0	0	0	0
次级债务	6,000,000	5,000,000	4,000,000	3,000,000	2,000,000	1,000,000	0	0	0	0	0	0
财务费*(1-t)	-700,000	-600,000	-433,765	-260,000	-195,000	-130,000	-65,000	0	0	0	0	0
优先债务	27,000,000	25,000,000	23,000,000	21,000,000	19,000,000	17,000,000	15,000,000	13,000,000	11,000,000	9,000,000	7,000,000	
财务费*(1-t)	-1,740,000	-1,620,000	-1,301,294	-897,000	-819,000	-741,000	-663,000	-585,000	-507,000	-429,000	-351,000	-273,000
新借贷/偿债	-3,000,000	-3,000,000	-3,000,000	-3,000,000	-3,000,000	-3,000,000	-3,000,000	-2,000,000	-2,000,000	-2,000,000	-2,000,000	-7,000,000
股东自由现金流	2,012,762	2,622,939	2,555,938	1,895,886	2,314,173	2,763,987	3,191,708	4,652,219	5,063,768	5,513,387	5,851,558	20,079,500

注："项目"的自由现金流的内部报酬率为7.02%；股东自由现金流的内部报酬率为7.62%。

附表 6.9 为实现与修订后的商业计划近似的股东

回报率所预估的 2009 年股票价格 单位：欧元

年份	2004	2005	2006	2007	2008	2009
股东自由现金流	− 6, 526, 811	− 5, 473, 190	6, 608, 697	− 3, 224, 545	− 3, 399, 053	− 2, 872, 485
2009 年总价值						18, 789, 460
股东自由现金流总额	− 6, 526, 811	− 5, 473, 190	6, 608, 697	− 3, 224, 545	− 3, 399, 053	15, 916, 975
内部总额报酬率	7. 62%					
债务	51, 000, 000					
E 股权	18, 789, 460					
企业价值	69, 789, 460					

注：第 6 列显示了原始股东于 2009 年年末为获得 7. 62% 的回报率而出售公司的理论价格，这些数据是对初始商业计划进行修改后所得的收益率，其中包括了 2008 年 12% 和 2009 年 10% 的营业收入下跌。

企业重组实例（二）

7.1　引言

本章我们将继续介绍一些不同环境、不同行业的公司重组的真实案例。我们将试着分析为什么这些公司会出现资金短缺问题以及如何采取措施进行弥补。

7.2　交易准备：米勒（SABMiller）公司收购福斯特（Foster）公司

2011 年 9 月 21 日，米勒（SABMiller）股份有限公司宣布，它已与福斯特（Foster）集团有限公司达成协议，将以每股 5.4 美元的价格向福斯特公司的股东发出收购现金要约。福斯特公司在这笔交易中的估值约为 99 亿美元（约合 80 亿欧元）。

早在 2011 年 6 月 21 日，米勒就发出过每股 4.9 美元的收购要约，但是被福斯特公司董事会拒绝。现在米勒以每股 5.4 美元的价格收购，即以 95 亿美元收购福斯特，这其实是一种好意，因为该公司已经连续两年税后亏损（在 2010 年和 2011 年分别亏损 4.644 亿美元和 8,900 万美元）。

福斯特 2011 年的营业收入是 25.6 亿美元，其股权会计价值仅值 4 亿美元。显然，只有考虑到福斯特能为米勒集团创造经济价值，收购才有意义。

7.2.1 行业信息

过去一年中（截至 2010 年 12 月 31 日），全球啤酒消费量已经超过 19 亿百升。但随着国际经济衰退恶化，部分国家的啤酒消费量下降，尤其是欧洲国家和美国。而过去五年（截至 2010 年 12 月 31 日），全球啤酒市场的年平均增长率为 2.9%，2011—2016 年的预测为 2.7%。

以非洲、拉丁美洲、中国和印度为代表的新兴市场，占据了全球大部分啤酒消费增长量。相比较而言，北美、西欧以及澳大利亚的成熟市场在过去几年中消费增长相对持平。人均啤酒消费量在美国、英国、加拿大和澳大利亚一直处于长时间的持续下降，发达市场的未来市场消费量预计将保持平缓或少量的下降。

加拿大全球啤酒市场趋势报告统计了 2010 年自然年度内的全球啤酒消费量前 20 名的市场，并预测了 2011—2016 年不同地区的复合年增长率，其表明，中国目前是全球消费量最大和成长最快的啤酒消费市场，表现为最近几年迅速提高的产量，市场整合和效率提升，人均消费量预期持续强劲增长。在成本长期维持不变的情况下，价格的提高将带来利润的提升。

由于人口众多和消费提升（目前人均消费量少于每年 2 升），印度消费量增长率预计会达到两位数。然而一些因素，诸如严格的监管环境、有限的支付能力和基础设施限制，加之大部分人口居住在农村地区，再加上文化传统影响酒精消费，这些都将妨碍印度市场的发展。非洲和拉丁美洲啤酒消费预期出现强劲增长，这得益于人口结构年轻化和收入增长带来的初步富裕。

7.2.2 公司相关信息

米勒是世界上最大的啤酒生产商之一，其酿造和分销横跨六大洲。米勒的品牌组合包括全球性品牌，例如 Pilsner、Urquell、Peroni Nastro Azzurro、Miller Genuine Draft 以及 Grolsch。它也是世界最大的可口可乐罐瓶提供商之一。米勒总部位于英国伦敦，主要在伦敦股票交易市场挂牌上市，另外还在约翰尼斯堡股票交易市场上市交易。

福斯特是位于澳大利亚的一家啤酒和苹果酒的生产商和交易商。自己生产或特许生产的品牌组合包括普通的传统品牌、国内国际的高类品牌，以及澳大利亚苹果酒的领先品牌。其部分品牌也在全球范围内销售。

福斯特首要专注于啤酒酿造，最主要的利润和收入都来自它在澳大利亚和太平洋地区的啤酒业务，即卡尔顿联合啤酒酿造商（在 2011 财政年度中大约占净销售额和 EBIT 的 98%）。剩下的份额来自世界其他地区的业务，世界其他地区的收入出自销售，包括澳大利亚和太平洋地区外的品牌许可收益和经销收益，以及在中东地区的合资经销收益。

卡尔顿联合啤酒酿造商经历了市场份额的下降，按不在厂包装的啤酒计算，其消费量从 2001 财政年的 55% 跌至 2011 财政年的 49.3%。市场份额丢失最主要的原因是福斯特的产品组合过分侧重于低增长产品（如传统普通啤酒），尽管福斯特已声明正在着手采取应对措施来平衡组合，但短时间内还不能奏效。

7.2.3 福斯特的措施

2006 年福斯特开始拆分非核心业务和资产，以对应公司宣布的专注高端饮料的策略。福斯特以 75 亿美元的价格把"福斯特商标"卖给了它在欧洲的啤酒经销伙伴苏格兰新城堡（Scottish & Newcastle）有限公司。此外，福斯特结束了亚洲区域内的啤酒生产，将其出售给了中国、越南和印度的啤酒生产商。

福斯特宣布了一项重组计划，即多品种饮料战略，内容就是在所有类别的产品上共享福斯特的销售力量、产品供应链、市场、消费者调查团队和类型的基础设施，并设立三个区域性业务。但重组后不佳的红酒业务引发了 2008 年对红酒业务的深刻检讨。检讨的结论是公司放弃多品种饮料战略，结构拆分在澳大利亚的啤酒和红酒业务。

2010 年 5 月，福斯特宣布通过业务拆分来创建分离的啤酒和葡萄酒业务企业并独立在澳交所上市。作为剥离的结果，福斯特的资产负债表发生了显著的变化，如表 7.1 所示。

表 7.1　福斯特资产负债表演变　　　　　　单位：百万澳元

年份	2010	2011
现金	236.7	58.3
应收账款	990.3	542.7
存货	1,012.8	157.8
其他资产	45.7	0.0
现有资产总额	2,285.5	758.8
有形固定资产净值	2,315.8	769.1

年份	2010	2011
无形固定资产净值	1,898.5	910.9
递延税项资产	333.0	558.5
总资产	6,829.8	2997.3
应付款	806.4	498.0
其他流动债务	188.3	141.3
递延税项债务	555.2	282.6
债务	2,564.5	1,675.8
股东权益	2,715.4	399.6
总计	6,829.8	2,997.3

7.2.4 声明

2011 年 9 月 21 日，福斯特集团有限公司发表声明，宣称已经与米勒有限公司达成一项"计划实施行动"，米勒收购福斯特的全部股份，而福斯特的股东将以每股 5.4 美元的价格卖出其股份。

收购提案合理地反映了福斯特的战略吸引力、在澳大利亚啤酒行业的领导地位以及提升财政和运营质量的潜能。同时福斯特的管理层也在预估接下来五年的收入增长，但这种增长具有不确定性和不稳定性，而且很大程度上不在福斯特的控制范围内。在短期内收入增长需要经济状况的复苏、消费者信心的提升，以及由此带来的啤酒市场重新恢复活力。

福斯特的估值稳定的是业务市场估值加非交易性资产减去截至 2017 年 6 月 30 日的外部借贷和非交易性债务的总和。

作为两个公司合并的结果，总收益已经显示出稳定的增长表，如表 7.2 所示。

表 7.2　五年财务概况回顾　　　　　单位：百万美元

五年财务回顾（每年截至 3 月 31 日）					
年份	2013	2012	2011	2010	2009
集团收入	34,487	31,388	28,311	26,350	25,302
息税折旧摊销前盈余	6,421	5,634	5,044	4,381	4,129
息税摊销前盈余（%）	18.6	17.9	17.8	16.6	16.3
息税摊销前每股盈余（美分）	238.7	214.8	191.5	161.1	137.5

续表

五年财务回顾（每年截止至3月31日）					
年份	2013	2012	2011	2010	2009
调整的每股盈余（美分）	101.0	91.0	81.0	68.0	58.0
销售总量（亿升）					
储藏啤酒	242	229	218	213	210
软饮料	57	49	46	44	44

资料来源：米勒年度报告。

7.2.5　关于重组操作的评论

如上所述，只有在对一家已经重组的公司进行战略兼并的情况下，米勒对福斯特的出价才有意义。

在持续经营的情境下，兼顾自由现金流以及终值[①]，对福斯特予以评估，这项交易的预期收益率将是9.2%，股东的收益率将取决于收购的融资方式。

假设这样一个估值情景：期限五年，总的融资为99亿美元，其中56%为股权融资，44%为债务融资，进一步假设在这五年内产生的所有自由现金流都被用来偿还债务，那么新股东的收益率将会是12.8%。

同样的情景，如果最初三年所有产生的自由现金流被用来偿还债务，后两年保持一个稳定的资本结构（63%的股权和37%的债务），那么新股东的收益率将会是15.6%。表7.3总结了此次收购案中的一些关键信息。

附录7.2同样表明了兼并案中的一些额外信息。

表7.3　关键信息总结

交易：99亿美元现金

关键点：保守估值+5年内的价格等于现在价格（对于企业经济价值而言，等于14.3倍于息税折旧摊销前盈余）

营运的经济收益率（资产）	9.15%
股东的经济收益率	
所有自由现金流用来偿还债务利息	12.77%

---

① 参见附表7.1描述的细节。

所有自由现金流用来偿还债务利息（2012—2014 年）	
最后两年，保持资本结构不变，以百分比计	
名义经济利润率	15.63%
资产收益率	6.92%
股权收益率	8.39%

7.3 为了增值的重组：易梦（eDreams）与奥迪哥案例

经济危机的一大好处就是可以帮助清除低效率公司，尤其在私募股权行业等领域。2007 年开始的经济危机就使大量公司意识到用正确方法论分析目标的重要性。

接下来我们将讨论 2010 年帕米拉（Permira）案例及其收购和发展易梦的战略。

作为一家投资基金，帕米拉正寻找高增长潜力、高收益率和未来易于集中的行业进行投资。其投资有两个标准：避免高定价以及在形成合理期间（大约 5 年）内有清晰的退出战略。

运用这些理念和标准，2009 年帕米拉明确了一个行业：线上旅行社（On-line Travel Agencies，OTAs）。在对该领域的一些领先公司进行细致调研后，帕米拉决定买下一家欧洲线上旅行社行业的领导者——易梦公司。

7.3.1 为什么是易梦公司？

他们选择的理由是：

（1）它是欧洲顶级独立 OTAs 之一；

（2）它在高速发展市场上具有领导地位；

（3）它具备领先的商业模式：

· 独特的消费者校准能力

· 没有库存风险，强有力的现金生产能力

· 高度规模化的增长

· 生产力强，对经济衰退有很强的韧性（低固定成本）

（4）强劲的损益报表和资产负债表；

（5）一支具有国际和大型公司工作背景的经验丰富的团队；

（6）行业具有严格和稳定的市场准入壁垒：

· 营销组合

· 领先的技术平台

· 消费者和供应商

· 经济规模

拥有 2,100 万美元稳定性的息税折旧摊销前盈余（EBITDA），易梦公司还在控制系统、会计以及现金管控方面具有提升空间。

企业价值（Enterprise Value，EV）最终出价为 2.52 亿美元，相当于息税折旧摊销前盈余价值的 12 倍。

为什么是这个价格？因为除了 2,100 万美元稳定的息税折旧摊销前盈余之外，易梦公司还预计有大约 1,400 万美元稳定的自由现金流。假设资本结构为 50% 负债，成本为 6%，预估股权成本约为 12%，2.52 亿美元的企业价值要想达到终值还需具备大约 2.46% 的持久增长率。表 7.4 与表 7.5 对此进行了详述。

7.3.2　只能是易梦公司？

不管任何情况，帕米拉认为收购易梦公司都是开始欧洲范围战略的第一步。由于未来行业继续向互联网迁移，帕米拉认为线上旅行社产业将会保持强有力的持续增长。预计行业利润要么保持稳定，要么扩张。此外，在兼并与收购的基础之上，仍有增长的机会。

2011 年 6 月，帕米拉开始了兼并线上旅行社行业的三个欧洲公司、总部位于巴塞罗那的易梦公司、总部位于巴黎的远航（goVoyages）公司，以及总部位于伦敦的奥迪哥（Odigeo）公司。

表 7.4　易梦公司预期持久性自由现金流　　单位：百万欧元

周期性自由现金流	
息税折旧摊销前盈余	21
折旧和摊销	−2
息税前盈余	19
税负	−5
营运资本变化	5
资本支出	−5
自由现金流	14

表 7.5　易梦的估值

资本结构	
E（股本占比）	50.0%
D（负债占比）	50.0%
V（总价值）	100.0%
KD（负债利率）	6.0%
Ke（股权报酬率）	12.0%
T（税负比率）	25.0%
WACC（加权成本）	8.25%
g（增长率）	2.46%
EV（企业价值，百万欧元）	252

帕米拉兼并和收购的协同效应的估值为 2,000 万美元，这是由于：

· 集中定价、市场和技术

· 共享库存、流程处理与技术

· 从供应商中获得更优惠的价格：保险公司，航线

· 与 Amadeus 达成一项特殊协议

此外，组建一个更大型的公司有利于帕米拉日后退出。更具体一些，它可以通过首次公开发行股票退出公司。

新易梦集团的企业价值是 1.296 亿美元，相当于息税折旧摊销前盈余的 12 倍。预期自由现金流价值为 6,400 万美元。表 7.6 对此进行了详述。

假设资本结构如下：42% 的债务，6% 的债务成本，大约 12% 的股权成本，那么 1.296 亿美元的企业价值需要达到终值时的持久增长率大约为 3.77%（表 7.7）。

表 7.6　预估的新易梦集团的自由现金流　　单位：百万欧元

息税折旧摊销前盈余	108
折旧和摊销	−6
息税前盈余	102
税负	−26
营运资本变化	7
资本支出	−20
自由现金流	64

表 7.7　新易梦集团的估值

资本结构	
E（股权占比）	58%
D（负债比）	42%
V（总价值）	100%
Kd（负债利率）	6%
Ke（股权收益率）	12%
T（税负比率）	25%
WACC（加权资金成本）	8.85%
G（增长率）	3.77%
EV（企业价值，百万欧元）	1,296

7.3.3　未来挑战

2014 年中期，新易梦集团面临挑战，要执行商业计划并获得股东预期的盈利率（预估为 12%）。这些挑战既来自市场，也与企业自身相关。

和市场相关的主要挑战是巩固线上消费这一转变，这意味着线上旅行社市场的增长要远高于国内生产总值的预期增长。

就集团自身来讲，主要挑战是要成功整合公司，充分利用和强化领先的技术平台，挖掘品牌价值，保持满意的利润率和生产充足的资金。

7.4　为了出售公司的重组：阿波罗（Apollo）轮胎有限公司

让我们阅读一则新闻稿：

阿波罗轮胎有限公司和 Cooper&Rubber 公司共同宣布实施一项明确的合并协议，阿波罗的子公司将以大约 25 亿美元现金收购 Cooper。这笔交易比 Cooper 公司的 30 天加权平均交易价格高出 40%。

这一篇新闻稿令我们回到了本世纪之初的"美好旧时代"（Good Old Days），那时经济蓬勃发展，并购活动在国内生产总值中占有重要比例。

但实际上我们并未回去，这篇新闻稿是 2013 年 6 月 13 日发布的，阿波罗溢价支付 40% 合理吗？出于什么原因呢？

7.4.1 行业概览

由于轮胎替换的"刚需"以及发展中国家的家用汽车和商用汽车销售的持续增长，全球轮胎行业厂商获得大量机遇。据预测，全球市场未来五年（2012—2017 年）将以复合年度增长率4%的速度扩张，2017 年预计将达 1,870 亿美元的市场规模。

尽管存在原材料价格不稳定以及供应商高度依赖原始设备生产商的市场挑战，但仍然存在诸多促进行业发展的利好因素，包括发展中国家人均收入增多、人口增长、新的基础设施建设工程、城镇化、中产阶级人口的增长以及绿色运动等。

在全球汽车轮胎行业中，预期未来五年客车轮胎细分市场将会高速发展。按地区来看，亚太地区增长将领跑。2012 年中国、印度、泰国和越南的强势表现显示，亚太地区的橡胶需求增长最多。

全球汽车轮胎市场高度整合，包括客车轮胎、重型卡车轮胎以及其他细分市场。北美地区占全球份额的30%，主导整个市场。

在 2011 年，欧洲是继亚太地区以及北美地区之后最具潜力的市场。全球汽车轮胎行业竞争激烈，汽车销售量、政府监管以及环保在内的一系列因素对于市场都有深刻影响。

7.4.2 对 Cooper 公司的重组

在合并之前，Cooper 公司制订了业务重组计划，以降低成本和提高效率。根据这项计划，公司将通过提高供应链条协调性、节省采购和原料消耗、控制一般花费和降低轮胎设计的复杂性，来节省 10% ~ 15% 的产品成本。公司同样期望凭借着新产品上市、亚洲欧洲销售提振、产品和品牌组合改善以及在美国市场上的扩张，能够获得 6% 的收益增长。

以企业价值 4.75 倍企业息税折旧摊销前盈余的价格买下 Cooper，意味着阿波罗公司将赌注押在协同效应上，即 Cooper 公司的重组以及进入美国市场所带来的机遇。事实上，此项战略合并将会给两家公司带来在品牌、地理位置以及专业技术高度互补，足以创造轮胎市场的全球性领导企业。

对于阿波罗公司而言，此项收购可谓吉星高照，既可以扩宽它的地理足迹，又可以提供直接进入世界最大的两个市场（北美和中国）的机会，此外，还为公司提供了像中国和东欧这样的"成本—效率"地区的生产基地。

公司在合并后将以综合收益 66 亿美元成为世界第 7 大轮胎制造商。合并预计将带来每年大约 8 千万美元至 1.2 亿美元的息税折旧摊销前盈余，预估在三年后完全实现，这主要得益于营运规模、采购收益、技术、产品优化以及制造升级。所以这笔交易被认为可立即增加阿波罗的收益。

有趣的是，阿波罗公司预期的息税折旧摊销前盈余改善将来自 Cooper 公司的操作重组。表 7.8 根据其重组进程总结了一些预估数据。

假设此项战略计划导致收入增长和成本降低，则 Cooper 公司的息税折旧摊销前盈余变动为 8,300 万美元 ~ 11,873 万美元，这符合合并创造价值的预期。而且，如果阿波罗公司现在以企业价值 4.75 倍于企业的息税折旧摊销前盈余支付（2.5 亿美元）价格，则 Cooper 公司三年后企业价值将翻番，与息税折旧摊销前盈余的比例达 6（为 50 亿美元）。

7.4.3　运作

Cooper 公司总经理阿米（Roy Armes）说："Cooper 公司轮胎一直表现良好，但是股价却被低估，而阿波罗看到了它的价值。"

这家印度公司确实如此。阿波罗决定完全采用债务融资收购，通过资本结构从另一条渠道创造价值。为此，公司计划发行 21 亿美元的收益债券（期限 7—8 年）和贷款 4.5 亿万美元来筹集资金。

预计的经营协同效益以及 Cooper 公司的低财政杠杆率（25% 债务，按会计价值计算），是采用全部债务融资的理由。

表 7.8　Cooper 公司　　　　　　　　　单位：美元,%

年份	2012	2013	2014	2015
净销售收入	4,200,836	4,452,886	4,720,059	5,003,263
息税折旧摊销前盈余	525,878	613,174	714,961	833,644
息税折旧摊销前盈余在销售额中占比	12.5	13.8	15.1	16.7
企业价值	2,500,000			5,001,864
企业价值/息税折旧摊销前盈余	4.75			6.00
息税折旧摊销前盈余变化		87,296	101,787	118,683

7.5 为了国际化而重组： 硅谷集团 （Grupo Silicon）

2012 年年底，硅谷集团（Grupo Silicon）首席财务官（CFO）卡洛斯（Carlos Tapia）认识到公司正面临着危机。过去四年，硅谷集团经历了一次重要的增长，但都是通过举借新债来支持的。从 2008 年开始硅谷集团的净资产增长了620 万美元，但新增债务 450 万美元（如表 7.9 所示）。

卡洛斯意识到，硅谷集团现有的商业增长模式不可持续，因为该公司经营产生的现金流明显不能满足公司对于新的混合资产和运营资本的需求。此外，硅谷集团未来可能开拓新的外国市场（沙特阿拉伯、拉丁美洲以及一些非洲国家），这需要更多的资金。更何况它的投资方正在要求收回投资。

表 7.9　硅谷集团资产负债表　　　　　　单位：千欧元

年份	2007	2008	2009	2010	2011	2012
流动资产	17,741.57	15,093.65	16,147.05	17,744.66	18,134.84	16,642.34
流动债务	12,851.48	11,919.37	11,546.11	11,730.38	11,598.00	8,452.18
净固定资产	2,396.69	2,810.67	3,225.43	3,219.85	3,711.04	4,064.70
总净资产	7,286.77	5,984.95	7,826.38	9,234.13	10,247.88	12,254.86
负债	2,527.00	1,078.13	2,608.01	3,878.27	4,607.74	5,626.36
股东权股	4,759.77	4,906.82	5,218.37	5,355.86	5,640.14	6,628.51
企业总值	7,286.77	5,984.94	7,826.38	9,234.13	10,247.88	12,254.86

7.5.1　公司概况

硅谷集团由一群年轻的企业家在 1984 年成立，目标是在包括安全系统、电子、电信、网络、无线电通信、自动化系统、软件开发、电子战等领域提供综合信息系统（IS）解决方案。2012 年，公司业务已涉及防御、安全、健康、教育以及娱乐等行业。

公司高度依赖西班牙公共领域机构（社会保障部、国防部）和公司的项目。由于经济危机，公司在西班牙项目的规模和利润在过去几年急剧下降。硅谷集团的管理层认为公司的未来是成为国际舞台上的全球性企业，在新的国外市场出售技术和综合解决方案。

7.5.2 新的商业计划

公司为了实现经济上的存续和盈利，硅谷集团的管理层在 2012 年年底制订了一项新的商业计划，包括：

·在新的国外市场扩张。来自外部市场的收益所占比例将从 2012 年总收入的 10%，增长至 2013 年的 25% 以及 2014 年的 30%；

·新的国外市场项目将贡献更高的利润；

·一项通过提高效率和节省一般开支以降低运营成本的重组计划；

·作为结果，预计息税折旧摊销前盈余将从 2013 年的 10.74% 提升至 2017 年的 12.50%。

卡洛斯主导了与投资方的谈判，以便能重组硅谷集团的外部资本。他知道银行会要求其采取具体的措施来产生更稳定的现金流，而且只要公司重组后的预期价值高于现在清算的价值，他们就会接受这项公司方案。

卡洛斯知道硅谷集团的清算价值并不高，因为公司经营的项目无形价值成分很高。

2013 年年初，公司开始了与银行之间的最终谈判。作为硅谷集团的首席财务官，卡洛斯用一项野心勃勃的计划来减少公司的财务杠杆。表 7.10 总结了这项计划的主要内容。

表 7.10　硅谷集团商业计划中部分变量的预期变化　单位：千欧元

收益：每年累计增长 7%

期间：2013—2017 年

息税折旧摊销前盈余

年份	2013	2014	2015	2016	2017
息税折旧摊销前盈余 占收入百分比	11.0%	11.5%	12.0%	12.0%	12.5%

年度折旧：500,000 欧元

公司税率：30%

总负债变化

年份	2012	2013	2014	2015	2016	2017
负债	4,577.00	4,577.00	2,514.34	785.76	678.85	571.93

应当注意的是，在这项计划中，硅谷集团假设拥有超额的现金。基于此假

设，需要运营现金为 500,000 欧元，超额现金预估为 1,048,650 欧元。这笔现金被用于减少负债。

附录 7.3 揭示了公司财报的预期变动。

根据此项计划，硅谷集团的预期经济价值（EV）大约是 17,000,000 欧元，相当于息税折旧摊销前盈余的 8.5 倍，而会计价值是 12,255,000 欧元。这是一项保守估计，因为预期的最终价值为息税折旧摊销前盈余的 5.5 倍①。

表 7.11 总结了硅谷集团预期价值敏感性分析。

附录 7.4 是硅谷集团估值的详细分析。

硅谷集团的管理层非常自信能够获得银行的支持。硅谷集团通过这些改变将能够实现盈利。而且在一个保守方案中，硅谷集团在清算价值看起来低于会计价值的情况下，预期经济价值为 38.2% 高于现在的会计价值。

表 7.11　估值的敏感性分析　　　　　　单位：千欧元

总价值对估值的最终影响				
总价值的增长	0.0%	0.5%	1.0%	1.5%	2.0%
企业价值	16,941.09	17,668.45	18,484.51	19,406.55	20,456.65
股东权益	12,363.39	13,090.75	13,906.81	14,828.85	15,878.95
企业价值/ 息税折旧摊销前盈余	5.5	5.9	6.2	6.7	7.2

附录

附录 7.1　按保守方案预估的福斯特公司的价值

年份	2012	2013	2014	2015	2016
盈亏的演变					
收入变化	3.0%	3.5%	3.5%	3.5%	3.5%
销售成本占收益的百分比	49.5%	49.0%	48.5%	48.0%	48.0%
毛利率（占收入的百分比）					

---

① 类似于没有增长的永续性自由现金流最后的现值（增长为零）。

年份	2012	2013	2014	2015	2016
销售费用	7.0%	7.0%	7.0%	7.0%	7.0%
营销费用	5.0%	5.0%	5.0%	5.0%	5.0%
管理支出	2.0%	2.0%	2.0%	2.0%	2.0%
其他费用	2.0%	2.0%	2.0%	2.0%	2.0%
息税折旧摊销前盈余（占收入的百分比）					
折旧与摊销	3.0%	3.0%	3.0%	3.0%	3.0%
营运资本的预估演变					
手持现金（相当于销售额的天数）	8	7	6	5	5
应收账款（相当于销售额的天数）	75	70	65	60	60
存货（相当于集团销售额成本的天数）	45	40	35	30	30
应付账款（相当于集团销售额成本的天数）	145	130	110	90	90

资本投资收益等于 5% 股东权益的最终价值与现在的价格相同，即息税折旧摊销前盈余的 14.3 倍。

附录 7.2 更多有关福斯特收购的信息

来源：独立专家报告［格兰特·萨缪尔（Grant Samuel），附录 1］

米勒

公司简介：米勒是世界第二大的啤酒生产和销售商，起源于南非（19 世纪），通过内生成长和并购，目前足迹已经遍布全球。公司旗下品牌超过 200 多个，最著名的啤酒品牌有 Grolsch，Miller，Peroni Nstrong Azzurro，Pilner Urquell。公司拥有超过 70,000 名雇员，遍布各个大洲的 75 个以上国家，销售额超过 280 亿美元，2011 财务年度税前利润超过 35 亿美元。[①]

公司战略

米勒存在以下区别于其他跨国啤酒企业的特征：

---

① www.sabmiller.com.

（1）充分利用新兴市场（大多数拉丁美洲、非洲和亚洲①），增长方面处于最有利地位；（2）把注意力放在当地品牌，关注当地历史和传统，并强化顾客忠诚度。兼并新兴市场当地品牌被视为过去十年里创造米勒股东价值的主要驱动因素。尽管销售的大多数来自当地品牌，但发达国家的进口啤酒销量也在迅速增长，这也是为什么米勒一直致力于拓展全球性品牌，来满足消费者个人的复杂口味，而这些人也愿意花高价购买的原因。与收入战略平行，公司同时实施了非常有效率的全球协同以及成本节约项目，并在饱和市场（欧洲和美国）上相当程度地提高了息税折旧摊销前盈余。此外，米勒还积极参与行业整合。

同业可比较倍数

2010年	息税折旧摊销前盈利润率	负债/股权	总债务	总资本	货币	企业价值①	净利润率	净收入	收入	息税折旧摊销前盈余②	①/②
安海斯布希	38%	56%	44,894	80,168	USD	125,062	12%	4,227	36,128	13,873	9.01
嘉士伯	24%	42%	37,241	89,737	DKK	126,978	9%	5,545	60,272	14,284	8.89
喜力	20%	47%	9,072	19,302	EUR	28,374	12%	2,252	18,924	3,804	7.46
摩森康胜	34%	20%	1961	9,756	USD	11,717	21%	686	3,251	1,105	10.6
	29%	41%					13%				8.99
米勒	35%	28%	8,460	30,432	USD	38,892	16%	2,408	15,145	5,255	7.40
福斯特	40%	27%	2,185	8,029	AUD	10,214	23%	542	2,395	951	10.74

资料来源：晨星；福斯特2011年度报告—2010数据来自持续运营近期并购情况。

近期并购情况

1990年以前米勒只是一家南非啤酒生产商，此后开始了在欧洲的投资：1993年在匈牙利得雷尔，1995年在波兰莱河，1996年投资一些罗马尼亚啤酒商，1997年在斯洛伐克，1998年在俄罗斯Kaluga，1999年投资部分捷克和波兰的啤酒商。至此公司壮大了股权，并迁移到伦敦挂牌上市，以便为并购活动筹集资金。之后米勒进入了印度和中南美洲市场，向非洲其他国家扩展。最早的一笔重要交易发生于2002年，公司兼并了Miller啤酒公司，该交易使公司名称

---

① www.businessweek.com/news/2011 - 03 - 29/sabmiller - s - mackay - predicts - further - beer - industry - consolidation.html.

发生了变更，也使公司成为世界第二大的啤酒制造商。接下来发生以下几笔主要交易：2003 年收购意大利佩罗尼公司（Birra Peroni）；2005 年收购南美的宝龙（Bavaria）啤酒公司；2006 年兼并中国的一些啤酒商，公司成为中国最大的啤酒商；2008 年收购荷兰的美乐（Grolsch）啤酒公司。在此期间，米勒在世界其他地区也实施了大量的并购。米勒同时也与其他大型啤酒商（如 Molson）联合经营以便增加它们在新兴市场的份额。福斯特通过与其他市场（美国）的同一家企业签订啤酒生产特许权协议，从而获得其他国家的业务（如印度），其动机可能是为了真正的并购交易，而福斯特品牌可能是并购的原因之一。

与同行的多重分析。分析并购交易的必要步骤就是分析收购者。根据晨星数据显示，与其他主要同行相比，米勒以非常低的企业价值/息税折旧摊销前盈余（2010 财政年度）倍数完成收购。截至 2011 年 3 月，瑞银集团对此估计为 9.1 倍，十分接近行业平均水平。更重要的原因是米勒的低杠杆率，这使得为额外的收购进行债务融资有了回旋余地。

世界啤酒行业

主要厂商

世界啤酒行业由安海斯布希占据主要市场，占全球市场份额的 15%。前五名还有米勒、嘉士伯、喜力以及莫森康胜。这五大厂商在过去十年间都进行了大规模的行业兼并，并最终占据市场总份额的 50% 以上。

行业一体化

由于对葡萄酒和酒精饮料的偏好①，啤酒销售增长速度一直在下降，特别是在欧洲和美国，甚至其他一些国家的增长率也开始下降。这导致了行业主要厂商开始致力于行业协同以及成本降低，以期通过营运利润的提高来弥补销售量的减少。但如果没有强劲的规模增长和谈判能力等条件，这些协同以及成本节省都不能发生，而这些条件都源自与供应商、经销商、零售商的关系。以下几点是行业一体化的推动因素：（1）在采购中获得更大的议价能力；（2）生产能力和经销能力的优势；（3）控制零售商对品牌的摆放；（4）优化品牌组合管理和定价。

推动一体化的另一个因素就是世界不同地域的非对称性增长。基本上说，

---

① www. brewersofeurope. org/docs/flipping－books/contribution－report－2011/index. html#/8/zoomed.

非发达国家在过去十年经历了 GDP 的显著增长，推动啤酒消费量达到非常高的增长水平。染指这些市场成为每一个啤酒商的关注重点，过去的大量收购就发生在这些市场，如安海斯布希以 112 亿美元的价格收购了巴西大型啤酒商博浪（Brahma）。此外，利用新兴市场互补性的地理或支配优势是一体化的另一个驱动力，如安海斯布希以 520 亿美元的价格收购了美国大型啤酒商百威（Anheuser Busch），公司即可用节省下的市场营销费用来扩大市场份额①。

上述因素被认为持续推动行业一体化。如果安海斯布希、米勒、嘉士伯和喜力已占据世界啤酒消费量的 50%，那么在未来十年内，随着他们在新兴市场的投资以及对当地厂商的并购，它们将占据更大的市场份额，并因此在啤酒行业实现全球寡头垄断。

竞争优势

前文所述都是为了强调啤酒行业的规模问题。大部分观点认为，规模确实影响公司的盈利能力、生产能力、经销网络以及采购能力。全球品牌的崛起、深入市场的营销和专业化的分销，使得行业主要产商相对当地生产商具有更大的竞争优势。这也向小啤酒商的股东表明只有通过行业一体化才能实现价值最大化。即使最近行业并购交易并未创造太大价值，但我们应当将其与尚未开始一体化的阶段相对比：那时发达国家的大厂商由于市场销量减少以及在成本节约方面束手无策而饱受批评。

米勒收购福斯特

米勒的理由

米勒在官网上②公布了收购福斯特的理由，主要是由于"强有力的国家与行业基础：澳大利亚是一个人口和国内生产总值同时保持持续增长的国家，啤酒市场有利可图；福斯特公司市场份额领先，且仅有一家主要竞争对手"。

业绩提升机遇：在全球规模的协同效应，植入米勒的优良的经营方式能产生额外的 EBITDA。

金融机遇：两家公司相较于行业平均水平都属于低杠杆率，收购会让合并公司有最佳的资产结构，从而提升企业价值。

---

① www. ezinearticles. com/？ beer – industry – analysis&id = 2977137.

② www. sabmiller. com/files/presentations/2011/210911/210911 – fosters. pdf.

福斯特——公司分析

澳大利亚啤酒市场在增长前景和盈利上和加拿大市场具有可比性。这也是为什么福斯特与摩森康胜的企业价值/息税折旧摊销前盈余倍数相当接近。高于行业平均的企业价值/息税折旧摊销前盈余倍数只有在低风险国家被大部分证明是合理的。这些国家占据了大部分销售量（北美和澳大利亚），汇率风险低，以及反映这些好的收购对象的潜在溢价的事实。从数据表中判断，同时考虑福斯特的 EBITDA 利润低于行业水平，我们已经开始质疑米勒收购福斯特是否存在潜在的额外经营效率。我们可以据此推判，成本节约不是公司收购的真实理由。

交易

2011 年 9 月 21 日，福斯特公司董事会接受了来自米勒每股 5.1 美元现金交易的邀约，只等股东大会的批准。这个价格表明福斯特价值 115 亿美元，相当于企业价值/息税折旧摊销前盈余的 13 倍。

采取可比较的同行倍数分析这笔交易。

本案例溢价支付接近其他市场同行 4 倍的息税折旧摊销前盈余。虽然这个数字看起来有些高，但是我们也要考虑这个收购目标的战略地位：处于双头垄断及高盈利的市场中的领导地位。

用可比较交易倍数分析这笔交易。

成熟市场上主要可供对比且符合相关水平的交易（数据来源于瑞银集团）如下表所示。

同业并购交易比较

日期	目标企业	收购企业	国家	EV/EBITDA	备注
8 月 9 日	Tennent's	C&C	英国	8.2	排除
8 月 9 日	Lion Nathan	Kirin	澳大利亚	12.5	市场主要参照
7 月 8 日	Anheuser – Busch	InBev	美国	12.4	（A）
1 月 8 日	Scottish & Newcastle	Heinekne	英国	11.9	（A）
1 月 8 日	Scottish & Newcastle	Carlsberg	英国	13.9	（A）
11 月 7 日	Grolsch	米勒	荷兰	14.6	（A）
8 月 5 日	Belhaven Group	Greene King	英国	11.1	
5 月 5 日	Mahou San Miguel	Mahou	西班牙	9.5	

续表

日期	目标企业	收购企业	国家	EV/EBITDA	备注
2月5日	Birra Peroni	米勒	意大利	20.0	排除
7月4日	Molson	Coors	加拿大	10.4	（A）
5月4日	Licher & Koenig	Bitburger	德国	9.0	
2月4日	Carlsberg Breweries	Carlsberg	丹麦	9.5	
2月4日	Brau&Brunnen	Dr Oetker	德国	3.7	排除
1月4日	Holstern	Carlsberg	德国	9.1	
9月3日	Apatinska	Interbrew	德国	6.3	排除
5月3日	Birra Peroni	米勒	意大利	12.6	（A）
平均				11.4	
平均（2008/09）				12.7	
米勒平均				13.6	
（A）最相关可比较交易				13.1	

我们可以比较此次交易与同息税折旧摊销前盈余倍数：（1）两年前澳大利亚发生一笔 12.5 倍的相关交易，这表明此次交易中的 13 倍并不算高；（2）2008/2009 年相关交易平均水平为 12.7 倍，与此次交易相当接近，再考虑到时间较长类似交易的倍数甚至有所上升——13.1 倍；（3）最后，米勒似乎习惯支付高于行业平均的倍数——13.6 倍，这在谈判过程中应当对它们不利。总之，基于可比较交易的倍数，对福斯特支付的价格看起来接近标准的更高端，但是仍然在先前交易所确定的合理范围之内。

最终考虑

由于竞争对手不断变强，米勒需要尽可能消灭竞争对手成为强者，抓住行业中的中等厂商予以兼并来满足持续增长的需求，那么此次兼并福斯特是可以理解的。因为如果福斯特被其他竞争对手兼并，那么米勒将丢失全球市场的优势，同时失去增加和优化全球发展的选择机会。

对作者而言，从资本结构角度来分析这笔交易会非常有价值：一方面，两家公司相较于行业平均水平都是低杠杆率，收购后可以使得结合后的公司价值远高于两家公司的简单算标之和，因为这时资本结构接近最优。另一方面，其他因素似乎指向这笔交易可以为米勒的股东创造价值：（1）增加全球品牌的组合，可以用来提升在部分国家细分市场高端品牌的组合；（2）使公司市场的地理分布更为多元化一些，目前公司的市场主要集中在新兴和发展中国家，适当增加一些未在目前的财政/金融危机中受损严重的发达国家应该是有好处的；（3）米勒已在澳大利益有所投资，与福斯特业务相整合可节省成本；（4）强势进入澳大利亚可以作为以后在东南亚开展业务和市场份额提升的良好开端；（5）福斯特的啤酒品牌在世界范围内与喜力（欧洲所有）和摩森公司（加拿大许可协议）共享，而米勒将直接在美国、澳大利益和亚洲拥有这些品牌，这将创造品牌整合机会。

总而言之，我相信从战略眼光来看，此次交易对于米勒而言非常有意义。一个整合的行业处于一个卖方市场，销售价格会因此增高①。然而历史已经表明在任何一个国家，由于消费者对于本地品牌具有忠诚度，当地市场主要厂商相对稳定。机会在于进口高端啤酒细分市场的增加，而澳大利亚这个出了名的对啤酒有偏好的国家，其啤酒品牌非常容易成为全球性品牌，引进到其他市场并加以发展。

对于福斯特股东而言，考虑到公司并不具备规模，而且已经失去了增长机会或是进行相关并购的机会，他们的选择只能是为他们的股权谋求最好的价格。企业价值/息税折旧摊销前盈余倍数表明公司价值优于其他可对比交易，也表明他们的股份售价不菲。

附录7.3　硅谷集团的预测财报

运营利润和损失

年份	2013	2014	2015	2016	2017
收益	19,926.18	21,321.01	22,813.48	24,410.43	26,119.16
息税折旧摊销前盈余	2,191.88	2,451.92	2,737.62	2,929.25	3,264.89
折旧	−500.00	−500.00	−500.00	−500.00	−500.00
息税前盈余	1,691.88	1,951.92	2,237.62	2,429.25	2,764.89
税收	−507,56	−585.57	−671.29	−728.78	−829.47
税后息前盈余	1,184.32	1,366.34	1,566.33	1,700.48	1,935.43
来自运营的自由现金流	1,684.32	1866.34	2,066.33	2,200.48	2,435.43

---

① 关于交易当中包含的商誉（99亿美元－4亿美元＝95亿美元）：由于出售葡萄酒业务，福斯特的股票市值在2011年受到了负面影响，几乎跌到了22亿美元。在任何情况下，这种商誉都事关福斯特业务产生足够现金流的能力，从而为米勒公司的投资提供一个合理的回报。

资产负债表

年份	2012	2013	2014	2015	2016	2017
流动资产	15,593.68	16,685.24	17,853.21	19,102.93	20,440.14	21,870.95
流动负债	8,452.18	9,043.83	9,676.9	10,354.29	11,079.09	11,854.62
净流动资产	7,141.50	7,641.41	8,176.31	8,748.65	9,361.05	10,016.33
净固定资产	4,064.7	3,702.05	3,340.69	2,980.45	2,621.2	2,262.98
净资产总额	11,206.21	11,343.45	11,516.99	11,729.09	11,982.25	12,279.31
负债	4,577.7	4,577.7	2,514.34	785.76	678.85	571.93
股权	6,628.5	6,765.75	9,002.65	10,943.33	11,303.4	11,707.38
负债与股东权益之和	11,206.21	11,343.45	11,516.99	11,729.09	11,982.35	12,279.31

附录7.4 硅谷集团的估值

年份	2012	2013E	2014E	2015E	2016E	2017E
股东权益	1,263.39	12,758.17	15,106.89	17,038.28	17,317.65	17,424.56
总负债	4,577.7	4,577.7	2,514.34	785.76	678.85	571.93
企业价值	16,941.09	17,335.87	17,621.24	17,824.04	17,996.5	17,996.49
贝塔值	0.7					
无风险利率	5.00%					
市场风险报酬	6%					
贝塔股权报酬率	9.20%	9.20%	9.20%	9.20%	9.20%	9.20%
负债利率	8.50%	8.50%	8.50%	8.50%	8.50%	8.50%
股权内部报酬率		9.46%	9.45%	9.32%	9.23%	9.23%
加权资金成本		8.51%	8.53%	8.84%	9.09%	9.10%
自由现金流		1,047.07	1,192.80	1,354.23	1,447.32	1,638.37
总价值						17,996.49
待折现自由现金流		1,047.07	1,192.80	1,354.23	1,447.32	19,634.86
折现因子		1.085	1.178	1.282	1.398	1.53
自由现金流折现值		964.94	1,012.88	1,056.6	1,035.16	12,871.51
企业价值	16,941.09					

续表

年份	2012	2013E	2014E	2015E	2016E	2017E
股东现金流		774.7	−1,142.93	−523.96	1,293.66	1,491.06
总价值						17,424.56
待折现股东现金流		774.7	−1,142.93	−523.96	1,293.66	18,915.63
折现因子		1,095	1,198	1.31	1.431	1.563
股东现金流现值		707.75	−954,00	−400.07	904.29	12,105.41
股东权益总值	12,363.39					
股份数	1000.00					
股价	12.36					

重组后的公司经营

8.1 概述

重组计划的质量可以从以下四个方面进行分析：

· 公平

· 稳定性

· 公司活力

· 公司增值机会

为了公司持久经营，公司重组协议必须公平。谈判应为重组中的所有参与方提供共赢方案。应根据现实进行假设，公司的预期发展应是可持续性的。如何知道假设是基于现实的？方法是具体指定谁来进行重组，什么时候重组，如何重组以及通过何种方式来完成重组。

重组进程的质量取决于该公司的商业计划如何抓住和反映驱动公司发展的核心价值，以及明确公司未来机会之所在和公司如何调整来实现其相应的目标。这些目标不仅要体现在公司运行层面，而且还要体现在未来公司的资本结构层面。

8.2 引言

在前面章节中，我们已经讨论过如何施行公司重整计划，以及我们应遵循的步骤和应避免的陷阱。我们也在一些重组的实例当中学到了许多。

现在让我们分析阿斯（Arsys）公司的案例。阿斯公司是一家在网络代管和云服务行业中的龙头企业。1996 年，两个好朋友成立了这家公司，并于 2007 年 12 月将该公司出售给卡勒（Carlyle）和摩本（Mercapital）两家私募股权基金。买方为这家公司的股权支付了 2 亿欧元。这个价格相当于这家公司预期收入的 5 倍，也相当于这家公司预估的利税折旧以及摊销前盈余的 20 倍。这个价格反映了这家公司在未来会有明显的增长。阿斯公司的年收入自 2008 年起维持在 4,000 万欧元左右。2013 年 8 月，阿斯公司以 1.4 亿欧元的价格被出售给了它的主要竞争对手——联合网络（United Internet）。这个退出价格明显低于 2007 年在阿斯公司商业计划中预估的价值。怎么会这样呢？在众多原因里，最重要的一个因素是阿斯公司市场的份额不断萎缩。阿斯公司没有增加自己在这个市场的收入，而这个市场在过去的四年当中以每年 10% 的速率迅速增长。

我们能否预防这类情形的出现？我们怎么才能避免高估公司重组后的正面协同效应或低估公司重组后的负面协同效应？

在本章当中，我们将会讨论重组后的公司经营。基本上，我们将试图回答以下问题：重组的完成是否是公司未来成功的保证？

8.3 重组的质量：重组之后

如我们所知，重组的目的在于解决问题。有些人认为解决问题的方式是无为而治。你可能通过无为而治解决公司问题，但这通常都不是最好的解决方式。但比无为而治更糟糕的是把事情做错。

我们如何知道公司重组能够解决公司现金流的问题？我们可以从如下四个方面来分析公司重组计划的质量：

- 公平
- 稳定性
- 公司活力
- 公司增值机会

8.3.1 公平

为维持公司稳定，任何协议都应当公平。在重组当中，各方之间有大量谈判。所有谈判都应以共赢的方式结束：一方有所得并非因为另一方有所失，而是因为所有人都有所得①。

在第1章中，我们曾经提到在重组过程中如何让所有参与方共同承担必要的牺牲是一件十分困难的事情。各方对重组计划应重新考虑。重组计划应被视为在公司现有状况下将损失的常态转变为各方都能获利的方式，至少为各方在某些方面带来收益。

8.3.2　稳定性

基于合理的假设，讨论之中公司的预期增长应该是可持续的。如何知道哪些假设是合理的？将细节明确是最好的解决之道：清楚谁将执行公司重组；清楚公司重组于何时进行；清楚公司重组如何进行；清楚公司重组通过何种方式来实现。

最终重组再融资是可行的。因为愿意为公司重组提供融资支持的金融机构相信公司的商业计划。为成功兜售一份商业计划，我们必须意识到可持续性的变化并不会在一夜之间发生。改变是可能的，而可能是积极的，也可能会是消极的。不管怎样，我们是否有现实的计划B应对危机？

另一个将要讨论的问题是资本支出的规模和组成。区分用于维持公司运行和公司增长的资本支出是大有裨益的。这两种支出都应与公司新制订的战略计划相一致。

8.3.3　公司的活力

在第2章中，我们将公司的净现金流定义为所有运营活动（包括利息成本）和股权产生的流动性。分析一家公司经济运行合理性的最好方式是去理解公司产生现金流的数量和构成。我们应将如下规则牢记在心：

（1）债务的分期付款或减少只能通过产生正净现金流实现。

（2）若一家公司长期处于现金流出的状态，那么这家公司在经济上是不可持续的。

（3）公司短期流动性的总额是公司在短期运作中盈利项目产生的现金流的总和。然而公司长期流动性是公司在资本支出投资和资本产生的现金流的总和。

---

① 当然，按相对价值计算。

（4）为理解公司流动性问题，我们必须清楚这个问题是由短期流动性短缺还是长期流动性短缺引起，以及公司流动性问题是否是周期性的。相应地，短期流动性问题需要的解决方案完全不同于长期流动性问题的解决方案。前者常常是周期性发生，而后者可能是暂时性的或在公司存续中的某一个阶段发生的。前者需要通过短期财务计划来解决，而后者则需要借入长期资金，以供给公司长期流动性。

（5）这不仅仅是一个产生正现金流的问题，而且还要随时分析公司财务的可持续性。就这一点而言，短期现金流和长期现金流之间失衡的问题是短期存在还是长期存在对第 1 章提到的出版公司处境的影响是截然不同的。

（6）假定一家公司的财务状况处于长期自我融资的情形中，公司短期运行产生的现金流将被用于公司长期的计划当中，也就是投资和资本回报。最终的结果是公司的净现金流归零。

将表 8.1 中的三家公司的净现金流状况作为案例进行分析：

表 8.1　净现金流状况　　　　　　　　　　单位：百万欧元

	公司 A	公司 B	公司 C
来自运营盈亏的现金流	200	100	50
来自营运资本的现金流	−50	−50	−50
来自资本支出的现金流	−100	−20	0
来自股东的现金流	−20	0	0
总净现金流	30	30	30

在这个案例当中，三家公司各自产生 3,000 万欧元的净现金流。明显可以看出 A 公司在流动性上更具可持续性。因为这家公司的短期流动性（1.5 亿欧元），长期投资（资本支出）和向投资者分配（股东和金融机构）之间达到了一个平衡。相反地，假设 B 公司仅需要 2,000 万欧元用于资本支出，则 B 公司在向股东重新分配上会出现问题。最后，C 公司的现金流是最不可持续的。因为这家公司在短期运行中并无现金流入，3,000 万欧元的现金流入仅靠投资者的新投资，同时在资本支出上没有投资。

8.3.4　公司盈利机会

通过分析一家公司的净现金流状况，我们就能区分公司产生的短期流动性和长期流动性是正或是负。相应地，我们也能分析这家公司到期债务的组成（短期/长期）。

正如我们在第1章所说，自由现金流总结出公司运营中所产生的货币的总量（来自运营活动的各个方面，包括利润、损失和资产运作）。公司将通过挣到足够多的自由现金流来维持公司运营的灵活性和满足股东在经济利益上的诉求，以此来确保公司的存续。在任何公司，经济上的可持续性意味着这家公司能挣到足够的自由现金流来保持财务上的灵活和盈利。因此，在给定的风险水平和预期的盈利水平[①]的情况下，了解一家公司如何生产自由现金流是决定该公司资本结构的最好方式。

重组过程的质量取决于该公司的商业计划如何抓住和反映驱动公司发展的核心价值，明确公司未来机会之所在和公司如何调整来实现其相应的目标。这些行动不仅仅是在运行层面，而且在未来资本构造上都很重要。

8.4 再访出版公司

让我们将这些考虑因素应用于第1章中提到的出版公司的案例。我们记得出版公司是一家提供网上学习服务的多媒体公司。这家公司在德国经营，而且在流动性上处于一个非常微妙的境地。在2013年年底，表8.2和表8.3显示出这家公司财务的大体状况。

表8.2 2013年出版公司的财务报表　　　　单位：千欧元

		以百分比计算的收益率
收入	10,856	
息税前利润	221	2.0%
营业税	−55	
息前税后利润	166	1.5%
折旧	327	3.0%
来自盈亏的自由现金流	493	
来自营运资本的自由现金流	474	

---

① 参见第4章。

续表

		以百分比计算的收益率
来自资本支出的自由现金流	− 850	
自由现金流总额	117	
资产负债表如下：		
流动资产净值	1, 322	
固定资产净值	5, 058	
总资产	6, 380	
总债务	4, 257	
股权	2, 213	
总债务和总股本之和	6, 380	

表 8.3　出版公司：净现金流演变摘要　　　单位：千欧元

年份	2008	2009	2010	2011	2012	2013	合计
净收入	347	340	211	132	85	8	1, 123
折旧	333	324	325	346	363	327	2, 018
来自盈亏的现金流	680	664	536	478	448	335	3, 141
运营资本变动	222	− 246	− 624	143	− 491	474	− 522
资本支出变动	− 1, 368	− 1, 221	− 1, 435	− 684	− 338	− 850	− 5, 896
股权变动	0	0	0	0	0	0	0
总净现金流	− 446	− 803	− 1, 523	− 63	− 381	− 41	− 3, 277
债务变化	446	803	1, 523	63	381	41	3, 277

正如我们在第 2 章中讨论的，2008—2013 年公司的短期运营产生了 260 万欧元的现金流，却在资本支出中投资了 590 万欧元，没有任何股东分红。短期流动性和长期投资之间的不平衡产生了 330 万欧元的净现金流流出，并通过增加 330 万欧元的债务来弥补。如今该公司 430 万欧元的巨额债务由 350 万欧元的短期融资和 80 万欧元的长期债务组成。

从数据明显可知出版公司的财政状况是不可持续的。为了生存，这家公司急需增加短期运营活动产生的流动性，并大幅减少在资本性支出中的比例。同时，该公司需要在短期融资和长期需求中达到一个更合理的平衡。

在和为其提供帮助的金融机构间的长期谈判之后，出版公司的现有股东制订了一份包含以下内容的公司重组计划书：

1）组建一个新的管理团队。新的管理团队包括在这个行业颇有声誉和熟悉同类公司重组事务的管理人。

2）在接下来的五年当中，不会再有股东分红或其他方式的再分配。

3）巨额债务将被重组。80%的债务将转化为长期银团贷款，而剩余20%的贷款将转化为短期循环贷款。这些新债务的平均预算成本为4%。

4）资本性支出中的投资比例将会被限制到维持业务运行的程度，每年预估将会有50万欧元的支出。

5）新的管理团队将对如表8.4中所示的经营方面的重大改进的执行负责。这些改进将包括如下方面：

· 专注于提高在新市场销售中的利润率（如管理教育）；

· 管控一般性支出；

· 通过启用新型IT工具提高效率；

· 提升在资本运作活动当中的管理效率，尤其是在收款这方面。

表8.4　预期运营层面的提升

年份	2014	2015	2016	2017	2018
收入（预期年增长率）	3.0%	3.0%	3.5%	4.0%	4.5%
息税前利润（以收入的百分比计）	2.0%	2.5%	3.0%	3.5%	4.0%
息税前盈余/税前盈余税率	25.0%	22.5%	20.0%	20.0%	20.0%
折旧（以收入百分比计）	3.0%	3.0%	3.0%	3.0%	3.0%
流动资产净额（以收入百分比计）	12.0%	11.0%	10.0%	9.0%	8.0%

假设新的商业计划执行，出版公司将会产生哪些预期的变化？

表8.5总结了根据新的商业计划和财务重组①方案出版公司的流动性将会发生的预期改善。

很明显，公司这份商业计划的目标是平衡运营产生的280万欧元的流动性和长期投资所需求（250万欧元的资本性支出）。这个目标期待于2016年实现。

---

① 附录8.1关于公司期望未来的详细解释，假设重组按计划执行。

解决短期流动性与长期需求之间不平衡这个问题之后，在这里将重新审视它在未来增长和未来资本结构上的战略计划。

表 8.5 预期的流动性演变　　　　　　　　单位：千欧元

年份	2014	2015	2016	2017	2018	合计
净盈余	40	87	146	209	282	763
折旧	337	347	359	373	390	1,806
来自盈亏的自由现金流	337	434	505	583	672	2,570
运营资本变动	−20	75	75	76	79	286
资本支出变动	−500	−500	−500	−500	−500	−2,500
股权变动	0	0	0	0	0	0
总净现金流	−143	9	79	159	251	355
债务变化	143	−9	−79	−159	−251	−355

这个计划的可行性有多高？这个计划起作用吗？这个计划能被支持它的金融机构所接受吗？现在让我们根据前述的要点对这份重组计划的质量进行分析。

这份计划看起来是公平的，因为所有的参与方都作出了牺牲：管理团队和雇员变得更加高效，股东必须等待才能获得补偿，支持它的金融机构维持这家公司财政状况使这家公司不必陷入清算的状态和承担相关损失。该商业计划的实行将会有利于这家公司的稳定，并将该公司的股本负债比从现有的 2.01 倍减至五年后的 1.35 倍。而且根据预期，这家公司将从 2015 年起开始产生自由现金流和净现金流（详见附录 8.1）。

只有金融机构同意实行债务重构，即将债务的 80% 转换为长期债务并将剩余的债务转化为循环债务时，出版公司才能存续。为什么这些银行会这么做？因为他们相信这份商业计划，而且根据这份商业计划可知这家公司将来的价值将会比现在清算这家公司的价值更高。

现在清算出版公司的价值极有可能导致这些银行产生损失。因为该公司清算的价值将比它所背负的巨额债务的总值要低。另外，出版公司在商业计划当中的经济价值的未来估值为 1,020 万欧元，假定公司的终值相当于未计利息、税项、折旧及摊销利润①的8.5倍。

总之，假设这个新的管理团队能够实现预期的改变，这个重组计划将会是一个共赢的解决方案。表8.6中包含了共赢方案中对几个主要变量的敏感性分析的结果。

我们能看到公司运营层面预想假设改变——预期增长率并无改善，且低于息税前利润和公司运营资金预期的改善，将会导致如下情况的发生：循环信贷将基本保持不变（851,000～823,000欧元）；财务杠杆会更高（权益/负债的比率将会是0.62而不是0.74）；出版公司未来的经济价值将会是902万欧元而不是1,020万欧元。

表8.6　敏感性分析　　　　　　　　　　单位：千欧元

基本情境					
债务演变					
年份	2013	2014	2015	2016	2017	2018
循环贷款	851	994	986	906	748	496
银团贷款	3,406	3,406	3,406	3,406	3,406	3,406
债务总额	4,257	4,400	4,392	4,312	4,153	3,902
还款保证系数		1.00	1.00	1.00	1.00	1.00
基于会计价值的权益/负债率		0.49	0.51	0.56	0.63	0.74
企业价值	10,196					
总价值	企业价值/息税折旧及摊销前盈余的8.5倍					

修正后的情境					
经营恶化					
年份	2014	2015	2016	2017	2018
收入（预期年增长率）	3.00%	3.00%	3.00%	3.00%	3.00%
息税前利润（占收入百分比）	2.00%	2.30%	2.50%	2.80%	3.00%
息税前或税前利润应税额	25.00%	22.50%	20.00%	20.00%	20.00%
折旧（占收入百分比）	3.00%	3.00%	3.00%	3.00%	3.00%
净流动资产（占收入百分比）	12.00%	11.50%	10.50%	9.50%	8.50%

---

① 关于估值的细节，参见附录8.2。

续表

债务演变						
年份	2013	2014	2015	2016	2017	2018
循环贷款	851	994	1,066	1,035	956	823
银团贷款	3,406	3,406	3,406	3,406	3,406	3,406
债务总额	4,257	4,400	4,471	4,441	4.362	4,229
还款保证系数		1.00	1.00	1.00	1.00	1.00
基于会计价值的权益/负债率		0.49	0.5	0.52	0.56	0.62
企业价值	9,180					
清算价值	企业价值/息税折旧及摊销前盈余的8.5倍					

8.5 危机中得到的经验教训

从任何一次危机中得到的第一个教训就是危机确实发生。因此，如果你将要做一个管理决定，就不要想当然地假设经济会持续增长，这是不现实的。

明确地说，这就是导致公司产生危机的行为模式。

第二个教训是学会现实。我们如何做到？通过理解我们所投资的工业（或商业），及我们所使用的分析工具的限制来实现。最终，我们应该对于类似问题有合理的答案：

· 由谁来完成？

· 他将做什么？

· 如何去做？

· 使用什么资源？

另一个适应现实的方法就是准备 B 计划。这不仅是为了应对未来可能发生的坏消息，也为了迎接好消息。如果需要，你最多能承受多少损失或者有多少资金用来扩张？

第三个教训是要和你的投资伙伴紧密合作。在一个重组中，投资者不仅指股东也包括金融支持的实体。所以，在合作中应该提前准备下一个（最后的）环节而先人一步，对投资伙伴要公开透明，要有效地进行交流。

更多的经验教训：正如我们所面对的危机，我们应当鼓励公司"回归基本面"，包括：

（1）公司知道他们的基本面是什么；

（2）公司有很好的基本面。

这就引出一个关键问题：在一个公司里好的基本面是什么？我们如何知道一个公司是否建立在好的基础之上？答案并不轻松简单，因为有一些需要考虑的因素：行业的种类，可持续的竞争优势，管理团队概况，外部条件，等等。

我也许不能详尽阐述，但可以和大家分享一些识别好公司基本面需要考虑的因素：

（1）管理就是作出和执行决定，但这些决定应当是基于预期的经济价值而非账面价值。

（2）任何资源的使用都是有成本的。

（3）别忘记任何商业决定都是有一定风险的。

（4）外部因素和内部因素共同决定预期。如需通过内部因素提高预期，我们必须有信心，要实现承诺。

（5）发展并不一定意味着创造经济价值。

（6）了解你的客户的经济利润，而不仅是其会计利润。

（7）奖励管理团队不要仅仅关注会计利润，而要根据其创造出的经济价值进行奖励。

（8）从短期来看，关注经济的灵活变化。从长期来看，则要寻找经济价值和经济利润。

正如在一本关于估值的经典教科书中提到的：[①]

成为一个价值经理并非是极少数人才能达到的神秘过程，但它确实需要用与其他众多经理不同的视角看问题，它需要关注资金的长期收益，而非每季度每股收益的变动。

更多支持性的引用语：

将全球金融目标缩短到很短的时间内将削弱其作为当前与将来的纽带作用，

---

① 科普兰（Copeland, T.），寇勒（Koller, T.），姆林（Murrin, J.），"估值"（2002），约翰威利出版社。

以及作为刺激生产、就业，创造更多新的机遇的润滑剂。将金融限制在短时间甚至极短的时间内，对于每个人都是非常危险的，甚至对于得益于市场运行良好的人也是如此。

猜猜这段话的作者是谁？在哪里提到的？会是一个金融教授在金融教材里提及的吗？如果是一个商业领袖在解释当前危机的谈话录，你会认同吗？

猜得不错，但是答案都是否定的。

让我给你一些提示吧：

在现代经济中，资产的价值完全取决于其在当前和未来能够赚取利润的能力。如果说克服物质贫困在长期看来是有效的，那么就必须记住创造财富则是不可逃避的职责。

现在，我相信你一定明白了。市值，创造经济价值，短期对长期，市场表现，等等。这一定是……

好吧，再想想①。

最后，让我们考虑一下未来。

在危机时期，几乎每个人都在恐慌，而专业冷静的投资者习惯于在这个时候介入并赚取财富。事实上，这是一个关于遵守基本原则的问题：低价买进，高价卖出。

问题是：什么时候是真正低价？什么时候价格足够低？

一些提示：当资本市场价格处于历史低位时，这就是足够低（例如富时 100 指数和西班牙交易指数呈现历史新低的市盈率）；相比于政府债券，当 BBB 债券（最低投资评级）的收益率处于历史高位时。

其他有用的信息就是去看投资者的信心指数。全球投资者信心指数是通过分析机构投资者的实际买入和卖出数量来衡量的。机构投资者越愿意增加他们的投资组合，他们的信心或者承受风险的能力就越强大。

在考虑所有情况之后，个人决定的合理性取决于现实的可选择性与合理的期待。在任何情况下，区别勇敢和愚蠢是非常重要的。大多数情况下，导致这一区别的往往是信息。

---

① 事实上，这些段落来自教皇本笃十六世（现任天主教教宗）的文章，"抗争贫困，构筑和平"，发表在庆祝世界和平日（2009 年 1 月 1 日）。我相信这是一个非常有趣的文章。

最后一个问题：我们需要一套全新的金融体系吗？我认为不需要。我相信我们需要更好地利用当前的金融体系，通过重新关注传统理念和新的方法来进行创新。

在前面已经提到，在管理中最困难的部分也许是协调短期活动和长期规划。在这个层面上，前文提议的金融体系改革应当考虑下面一些指导方针：

（1）奖励持续性的经济价值创造，以对抗通过捷径带来明显收益的方法。

（2）明确并实施衡量系统风险的存效工具和方法。

（3）加强监管以提高金融实体提供信息的透明度。在一些领域，增强透明度是非常必要的：

·使用表外资产负债表的实体来隐藏风险和头寸；

·通过在有序的市场进行交易，实现衍生产品的标准化和更高的透明度；

·明确金融实体信用评级的内部程序，以揭露新产品的风险等级；

·在不同管理层面使用的奖励体系的标准，包括对董事会的奖励标准。

（4）明确并监管金融实体在投资银行和商业银行中与消费者开展业务时的的利益冲突。

（5）避免认同"好的监管"就是政府每日都干预金融活动。

（6）避免削弱可能的竞争优势，阻碍金融创新和风险共担。阻碍创新就会限制一种经济增长的来源。

危机管理的成功实践对于解决问题来说是非常重要的。这些做法既包括事前预防措施，也包括事后补救。在任何案例中，对金融机构的有效监管和对金融市场的管控意味着对监管活动有着明确理解，包括一定程度的灵活性、现实性和想象力。

8.6 总结

让我们总结下这章内容的重点。

（1）重组的水平可以从以下几个方面进行分析：

·公平性

·稳定性

　　·公司的生存能力

　　·公司生产价值的机会

　　（2）为了能够持久发展，一个重组协议必须公平，参与各方应当共赢。

　　（3）公司的预期发展应当是建立在现实假设的基础上的持续性发展。我们如何知道这种假设是现实性的？具体方法是准确识别谁将做什么、何时做、怎样做以及通过何种方法。

　　（4）分析一个公司的经济可能性的最好方法就是很好地了解其产生的净现金流（NCF）的总量和构成。

　　（5）任何重组过程的质量都取决于商业计划如何抓住并且反映公司的主要价值动因，不仅在运营方面，也在未来资本结构上，指出公司未来的机遇并且使其据此进行调整从而实现目标。

附录

附录8.1

根据商业计划的假设，出版公司的演变如下：

单位：千欧元

商业计划变化					
年份	2014	2015	2016	2017	2018
收入	11,182	11,517	11,920	12,397	12,955
息税前利润	224	288	358	434	518
息税前利润应税额	56	65	72	87	104
息前税后利润	168	223	286	347	415
折旧	337	347	359	373	390
从盈亏所产生的自由现金流	505	570	645	721	805
从营运资本所产生的自由现金流	-20	75	75	76	79
资本支出产生的自由现金流	-500	-500	-500	-500	-500
总现金流	-15	145	220	297	384

续表

年份	2013	2014	2015	2016	2017	2018
流动资产净值	1,322	1,342	1,267	1,192	1,116	1,036
固定资产净值	5,058	5,221	5,374	5,515	5,642	5,752
总净资产	6,380	6,563	6,641	6,707	6,758	6,788
长期负债	3,406	3,406	3,406	3,406	3,406	3,406
短期负债	851	994	986	906	748	496
总债务	4,257	4,400	4,392	4,312	4,153	3,902
所有者权益	2,123	2,163	2,250	2,395	2,604	2,886
总债务 + 所有者权益	6,380	6,563	6,641	6,707	6,758	6,788

附录8.2

出版公司的价值是与商业计划有关的，考虑到清算价值是所有者权益/未计利息、税项、折旧及摊销之利润的 8.5 倍。

单位：千欧元

年份	2013	2014	2015	2016	2017	2018
所有者权益	5,939	6,268	6,615	6,978	7,359	7,720
负债	4,257	4,400	4,392	4,312	4,153	3,902
总资产	10,196	10,668	11,006	11,290	11,512	11,622
税前债务资本成本		4.00%	4.00%	4.00%	4.00%	4.00%
税后债务资本成本		3.00%	3.10%	3.20%	3.20%	3.20%
无风险收益率		2.50%	2.50%	2.50%	2.50%	2.50%
毛利率		3.00%	3.00%	3.00%	3.00%	3.00%
权益资本成本	4.90%	4.90%	4.90%	4.90%	4.90%	4.90%
不考虑负债的权益资本成本		5.55%	5.53%	5.50%	5.46%	4.90%
加权平均资本成本		4.48%	4.53%	4.58%	4.59%	4.29%
自由现金流		−15	145	220	297	384
总价值						11,622
待折现自由现金流		−15	145	220	297	12,006
折现因子		1.045	1.092	1.142	1.195	1.246
自由现金流现值		−15	133	193	248	9,637
企业价值	10,196					

注：我们假设债务成本为 4.0%，市场溢价为 3.0%，无风险利率为 2.5%。出版公司的资产 β 值估计为 0.8。

　　在 2018 年，该经济价值的清算价值为 10,196，是息税折旧及摊销前盈余的 14.1 倍。所有者权益的清算价值是 2018 年未计利息、税项、折旧及摊销之利润的 8.5 倍。

　　在最后对自由现金流的推测中，企业价值的清算价值等于自由现金流持续永久以 0.95% 增长的现值。

概括和结论

第1章

（1）过去几年，大量公司的存续依靠债务重组。为此，问题公司的管理团队付出了艰辛和时间用于重组公司。一言以蔽之，由于公司具有重组和债务再融资能力（或缺乏能力），结果分散在不同行业的许多公司生存下来或消失了。

（2）当面临经济困境时，公司就需要重组。当一家公司不能创造足够的现金流用以支付其财务实体的债务时，公司就处于经济困境。

（3）当然，公司短期的收支不平衡可以得到股东的资金支持而免于经济困境，但缺少资金支付债务利息的情形必须是持久性的。

（4）考虑到公司当下已经走头无路，无法产生利润，重组一家公司意味着导入改革措施使公司变得有生存能力和盈利能力。重组都包括财务重组，但重组并不只是关于再融资。任何重组的目标都是通过执行重组方案使公司能够产生足以支付债务利息的自由现金流和令股东满意的补偿。

（5）重组过程也是一个多方谈判协商的过程。在谈判过程中理解重组涉及各方的利益、认识到他们的强项和弱点以及他们的影响力等是非常重要的。

当然，知道一些关键问题的重组答案也是重要的。这些问题包括：

重组为何会发生？

需要采取哪些主要的债务重组行动？

债务重组将会带给重组各参与方什么益处？

为了达成各参与方都有获益的协议，公司需要提供什么？

（6）任何重组过程成功的关键都是达成重组协议。依据该协议，重组公司的价值远远高于该公司倒闭清算后获得的价值，并就增值的价值分配取得一致。值得讨论的最重要的问题就是为公司未来制订出可行的计划。该计划将使预期的自由现金流能够保证公司的短期生存，又不会限制未来业务所需的投资从而危害公司中期和长期的未来。

第 2 章

（1）公司财务重组涉及公司内部和公司外部，公司内部采取的行动基本包括：

· 界定流动性问题：原因、程度和时间。

· 准备一个内部的财务计划，包括短期财务计划、中期和长期的盈利计划。

· 和银团谈判的策略：我们提供什么？对谁提供？在什么样的条件下提供？

· 对金融机构提出初步的建议。

（2）财务重组过程的外部行动是要以在当事人之间达成一致为目标，通过确认谈判者和仲裁者，任命技术问题和法律问题的专家，建立监控机制以保证协议的遵守。

（3）由于这些外部行动的实施涉及银行，所以区别银行商业领域和技术领域的外部活动是值得的。

第 3 章

（1）任何业务重组程序的目标都是通过执行经营行为来实现使企业自由现金流持续增长的目的。尽管我们也可以通过采取某些管理行为来达到企业现金数额的暂时提高，但在重组程序中我们应追求的是一种可持续的永久的效果。重组关注的不是短期而是长期的前景。

（2）企业业务重组致力于通过实施与企业各种损益类相关的新政策和管理决策来形成新的持续自由现金流。绝大部分业务经理都对这种称之为损益管理的经营手段很熟悉，这种经营手段针对几个固定的损益科目：提高收入、控制营业成本、减少日常开支，等等。

（3）企业业务重组致力于通过营运资本形成新的持续自由现金流，首先应着重考虑使企业流动资产最小化以满足企业目标，同时仅投资非常必要的项目。

营运资本管理不像公司其他更可见的活动那样有意思。但是，营运资本管理的最佳运用可以为企业带来可持续的流动财富。和往常一样，魔鬼藏于细节之中。

（4）若要估计客户的盈利能力，任何公司都必须估计该客户为公司带来的实际收入。从财务角度来看，好的客户是有助于为公司的经济可行性和盈利能力提供可持续现金流的客户。换言之，一个好的客户不仅仅能给公司带来可接受的高毛利率，同时也能给公司带来足够现金流。

（5）从经济价值的角度来看，所有固定资产都应该分为能够产生经济价值的和不能产生经济价值的。牢记这一点，任何重组过程中的固定资产都应该从这个角度进行分析。

（6）总而言之，任何业务重组都需要分析、决策以及执行决策的管理能力。在所有的管理中，总有一个选项是什么也不做。然而，这仍然是一个决策，形成缺席管理的形式。经验表明，这种决策形式和消极管理方式对任何商业活动价值创造来说都非常不利。

第 4 章

（1）任何进行企业重组的公司都面临大量难题，为了解决这些难题，首先有必要了解其本质和起因。公司的大部分问题来自业务经营方面，而不是财务方面。因此，在尝试找到永久性财务解决方案之前，我们需要了解公司没有产生足够现金的原因以及我们必须解决关键问题的可行商业计划。总之，在用融资解决营运问题之前，我们首先尝试解决营运问题本身。在经营低效融资的情况下必定导致财务困境。

（2）适当管理财务杠杆是公司产生经济利润的一个方式。优良管理需要将债务水平保持在一定范围内。在此情形下，任何财务重组战略的关键一步是确定公司的负债能力。

（3）当一个公司着手进行企业重组时，为了确定该公司的负债能力，我们需要参考该公司应该具有的最优资本结构。

（4）确定了与财务重组相关的债务数额以及资本结构之后，另一关键点是要选择将使用的债务类型。

（5）关于这个问题，有以下黄金法则：

·短期财务需求只用短期融资工具，长期财务需求只用长期融资工具。

·偿还债务本息时间要与预期的自由现金流到位时间衔接一致。

·使用最合适的债务融资工具。

（6）如果一个公司存在运营问题，那么仅仅在财务方面作出改变是不足以解决这些问题的。面对经营问题，我们需要经营解决方案，而不是财务方法。如果用财务方法而管理者又犯错误，则情况会变得更糟。

常见错误之一就是试图利用公司不同利益相关者之间存在的信息不对称。缺乏透明度从来不是好事。

第 5 章

（1）在危急关头评估公司资产的经济价值对于决定是继续坚持还是放弃一项经营活动有着至关重要的作用。

（2）一个公司不能支付债务就被认为处于困境，且经常伴随着实施运营措施的失败，不能产生所需要的现金流。

（3）为了通过私下的程序达成债务重组协议，第一要务就是给公司估值。

（4）估值是问题的关键，银行可以从中决定，他们作为重组后的债权人优于公司清算时的债权人（即债权的重组价值大于债权的清算价值。）

（5）合理估价的关键在于确立估值程序所需要实现的主要目标。在公司处于经济困境的情况下，这是一个决定其合理价值的特别重要的方法。

（6）在清算时，公司的经济价值即是其全部净资产出售收入的税后所得。这是一个扣除适用的应缴税的市场价值。

（7）为了给重组的公司估值，必须给通过继续执行重组计划经营资产所产生的自由现金流（FCF）估值，然后以加权平均资本成本将其折现。加权平均资本成本与重组定义的自由现金流和新的资本结构有关。

（8）这个方法可以估价公司的营运资产。如果公司陷入困境时没有营运资产，而且营运重组计划没有预留资金可使用，这时必须作出有针对性的调整（积极的或者消极的），以便包含源自上述的运营资产的价值。

（9）假设公司因为这次重组具有了经济可行性，下一个步骤就是决定股东的预期经济盈利性，这需要依托公司的总价值和股东的参股数量。

（10）这些不同的重组方案有助于我们理解在重组进程中参与者为了拯救公司需要作出自我牺牲。达到平衡是多么的困难。

（11）最后，我们这里解决的是股东们的经济性盈利问题，而不是会计上的盈利问题。

第 8 章

（1）重组的水平可以从以下几个方面进行分析：

· 公平性

· 稳定性

· 公司的生存能力

· 公司生产价值的机会

（2）为了能够持久发展，重组协议必须公平，方案必须是参与各方共赢。

（3）公司的预期发展应当是建立在现实假设的基础上的持续性发展。我们如何知道这种假设是现实性的？方法是具体确定好谁将做什么、何时做、怎样做以及通过何种方法。

（4）分析一家公司的经济可能性的最好方法就是了解其产生的净现金流（NCF）的总量和构成。

（5）任何重组过程的质量都取决于商业计划如何抓住并且反映公司的主要价值动因，不仅在运营方面，也在未来资本结构上，指出公司未来的机遇并且使其据此进行调整从而达到目标。

译后记

发达国家经济周期波动和企业重组的历史与实践表明：企业重组的步伐快慢决定了宏观经济摆脱衰退重新实现繁荣的转折期的长短。美国通用汽车公司重组从提出破产保护到新通用成立仅 39 天；美国商业信贷投资公司的重组只有 1 个月。

在当前我国经济新常态的背景下，运用好公司重组这个工具既有助于稳增长，也有助于调结构。可以说，当下正是重组的理论和实践可以绽放异彩的时代。期待本书所提供的重组理论与行动方案为我国企业的重组提供智慧和借鉴。

本书前言和致谢、引言、目录、第 1 章公司重组通览由苏同华负责；第 2 章公司重组的步骤、第 3 章公司重组操作、第 4 章财务重组、第 5 章困境公司的估值、第 6 章企业重组实例（一）、第 7 章企业重组实例（二）分别由选修我的公司战略经济学课程的华东政法大学 2013 级研究生苏阳、龙笑笑、韩亚菲、莫非、张梦雪和陈建负责；第 8 章重组后的公司经营由法律与国际经济专业的 2014 届研究生陶秋树和黄洋共同完成，第 9 章概括和结论由 2013 届民商法研究生苏策和苏同华负责。在初译的基础上，苏同华对全文进行了精译。

由于译者的能力与水平所限，译文可能存在着一定的缺点和错误，这些缺点和错误均由苏同华负责，并欢迎读者批评指正。译者电子邮箱为 tonghausu@ 126. com。

苏同华

2015 年 11 月